大谷翔平
野球翔年 I

日本編
in Japan
2013-2018

石田雄太
Yuta Ishida

文春文庫

Ohtani
11

Ohtani 11
MIZUNO
FIGHTERS

Ohtani 11
MIZUNO
FIGHTERS

Ohtani 11
MIZUNO
FIGHTERS

Ohtani 11
MIZUNO
FIGHTERS

ニトリ

FIGHTERS
FIGHTERS

HOKKAIDO

FIGHTERS
ニトリ

ホクレン
NH
Nipponham

Nipponham
FIGHTERS

FIGHTERS

FIGHTERS

ANGELS

DIGISUPER 76
17

Ohtani 11
MIZUNO
FIGHTERS

大谷翔平 野球翔年 I

日本編 2013-2018

目次

2015

二刀流で最多勝

2016

165kmの衝撃

2017

故障と試練の先に

2018
夢への序章

大谷翔平 野球翔年

I

日本編 2013-2018

プロローグ
前例なき挑戦への第一歩

それは素人の発想から始まった。

二刀流のことだ。

大谷翔平がプロに入って1年目の2013年、彼の母、加代子さんに話を聞く機会があった。そのとき、加代子さんがこんな話をしていた。

「翔平に『ピッチャーとバッターってどっちもできないのかね』って言っちゃったんです（笑）。高校時代のあの子はピッチャーとして結果を残せなかったし、不完全燃焼でした。バッターとして先に芽が出ちゃっているようにも見えましたし、だったら両方やればいいのにって……」

この加代子さんの言葉に対し、大谷は『プロの世界は死にもの狂いでポジションを奪おうとしている世界なんだから、どっちもやりたいなんて、やってる人に失礼だよ』と反論していたのだという。しかし、花巻東高校の佐々木洋監督から教えてもらった『先入観は可能を不可能にする』という言葉を胸に刻んで、高校生の時点で、球速163㎞という目標を設定していた大谷である。加代子さんが何気なく口にした先入観に囚《とら》われない発想は、彼の頭の片隅に残っていたのではないだろうか。加代子さんはこうも言っている。

「そんなの無理に決まってるとか、非常識だっていうみなさんの声を後から聞いて、そういうものだったのかと思いました。ただ、昔から翔平には人のできないことをやってみたいという冒険心があったと思うんです。どっちもやるんじゃ、2000本安打も200勝も無理だねって言われるんですけど、翔平一人で1000本安打と100勝じゃダメなのかしらね（笑）」

そんな素人の発想を、プロの集団が実現する。

投げて、打つ息子を見守ってきた加代子さんの想いは、北海道日本ハムファイターズの、これまた常識に囚われない野球人たちによって具現化されることとなった。その一人がファイターズの吉村浩ゼネラルマネージャー（GM）である。彼は、こう話していた。

「才能を殺している野球界だなというのは常々、思っていることです。才能を伸ばすのではなく、一個一個、ハサミで切りながら、選手を作ってしまっている。僕はそういうプロ野球界にものすごく抵抗がありました」

大谷との交渉にあたった当時のスカウトディレクター（ＳＤ）、大渕隆はこう回顧する。

「栗山（英樹）監督が二刀流の話を本人に初めて切り出したはずです。そういう戦術でした。ただ、そもそもスカウトの間では、両方やろう、という積極的なものがあったわけではなく、決めなくていいよ、どちらかに絞らないことを否定しないよ、というスタンスだったんです。それを〝二刀流〟という言葉にして、大谷に『やるよ』とハッキリ言ったのが、栗山監督です」

前例のない、プロでの二刀流への挑戦——その第一歩は5年前に遡《さかのぼ》る。

２０１３年2月1日。

那覇から車を走らせ、たっぷり2時間。東シナ海に面した沖縄県の国頭村《くにがみそん》で、ファイターズの二軍キャンプが始まった。例年なら人もまばらな球場で一斉にカメラのフラッシュを浴びていたのが、プロでの二刀流を目指していた18歳のルーキー、大谷だった。

くにがみ球場の三塁側スタンド、その最上段からはメインのグラウンドもサブグラウンドも両方、見渡せる。この場所は、ピッチャーと野手の練習をほぼ同時に見ることができるという二刀流観戦の特等席だった。しかしながら、そこから見る限り、前例のない二刀流のスタートはじつに心もとないものだった。キャンプ初日の大谷は、ピッチャーと野手の間を、ただ右往左往していたのである。メイングラウンドでアップを行っていた選手たちは、やがて二組に分かれる。野手はメイングラウンドに残り、ピッチャーは球場の隣にあるサブグラウンドへと移動した。大谷はといえば、メイングラウンドに残ってベースランニングを始めている。まずは野手としてのメニューをこなそうというわけだ。

ピッチャーはキャッチボールを始めた。大谷は依然として、野手と一緒に一塁ベースを駆け抜ける練習を繰り返している。走塁練習を終えると、大谷はようやくサブグラウンドへ移動した。ピッチャーはキャッチボールを終え、ノックを受けていた。大谷は一人、コーチを相手にキャッチボールを始める。その後、大谷は再びメイングラウンドに移動して、野手と一緒にノックを受けようとした。しかしメニュー表の見方がわからない大谷は内野のどのポジションに入ればいいのかわからず、結局、このメニューは見学するだけで終わってしまった。コーチも的確な指示を出すことができず、「自分でメニューを見てこい」と言われる始末。大谷だけでなく、チームの誰もが二刀流を現実に落とし込むことができず、戸惑い、混乱していた。

それから5年が過ぎた2018年――。

アリゾナ州テンピの空は、灰色の雲に覆い尽くされていた。

真っ赤なエンゼルスのユニフォームに身を包んだ23歳の大谷は、大勢のカメラマンが待ち受ける中、左手でグローブを持ち、左肩にバットケースをかけて、グラウンドに現れた。

2月14日、メジャーのスプリングトレーニングが始まった。この日、テンピに集合したのはエンゼルスのピッチャーとキャッチャーのみ。大谷の名前は、このバッテリー組の中に書き込まれていた。まずはピッチャーとしてスタートするということだ。しかしキャッチャーだけが行うバッティング練習のラインアップに、大谷の名前があった。もちろんバットを持ってグラウンドに出てきたピッチャーは大谷だけだ。

誰もが「無理だ」と連呼した〝メジャーでの二刀流〟の選手として、大谷はアメリカへやってきた。そしてエンゼルスのスプリングトレーニング初日、彼は当たり前のように両方のメニューをこなした。ピッチャーとしてキャッチボール、ゴロ捕、投内連携などをこなしたあと、キャッチャーたちと一緒にバッティングケージに入る。バットを振れば見るものの度肝を抜く飛距離の打球を飛ばし、改めてその能力の高さを見せつけた。エンゼルスの誰もが、大谷の〝Ｔｗｏ－Ｗａｙ（二刀流）〟を当たり前のように受け入れていた。そのことだけをとっても、驚くに値する現象だ。初日の練習を終えた大谷は、こう振り返っていた。

「まずは何も変えずに、自分のやってきたところをベースにしっかり取り組んでいって、変えなければいけないところはその都度、変えていけばいいんじゃないかなと思います。基本的に（日本もアメリカも）野球の部分は何も変わらないので、自分の持ってるものをしっかりグラウンドの中で発揮できれば、自分をアピールできるんじゃないかなと思ってます」

戸惑いと混乱からスタートした大谷の二刀流。日本での第一章は、1年目にピッチャーとしての土台、2年目にはバッターとしての土台を作り、3年目、まずピッチャーとして花を咲かせ、4年目にバッターとしても実を結ばせた。この年、ピッチャーとして2ケタ勝利を挙げ、バッターとして2ケタのホームランを放ち、チームを日本一にも導いた。規定投球回数にも規定打席にも届かなかったのにピッチャーとDHの両方でベストナインに選ばれ、パ・リーグのMVPを獲得した。二刀流を結果で認めさせたのである。大谷はこう言っていた。

「期待は応えるものじゃなくて、超えるもの。だから、周りが考える、そのもう一つ上を行けたらいいんじゃないかなと……」

そして2018年、メジャーリーグのシーズンが始まった。

エンゼルスの開幕ロースター、25人の中には〝Ohtani Shohei〟の名前があった。そのリストには〝ピッチャー12人〟、〝キャッチャー2人〟、〝内野手6人〟、〝外野手4人〟と記されており、大谷は〝ピッチャー／DH1人〟という前例のないカテゴリーの中に入っていた。そもそも日本では「無理」と言われた二刀流、メジャーでは「絶対に無理」とまで言われていたのに、大谷はいつの間にか高かったはずのハードルを当たり前のように飛び越えてきている。大谷が〝メジャーでの二刀流〟というパイオニアを目指す、そのスタートラインに立てたのは、高校を出てすぐにアメリカへ渡るのではなく、ファイターズでプレーすることを決めたからだった。

そしてメジャー1年目、ピッチャーとしては先発して初登板で勝利投手に、バッターとしてはDHで3試合連続のホームランを放つなど、大谷は衝撃のデビューを果たす。右ヒジを痛めて夏場にローテーションから外れたものの、大谷は〝10登板、20本塁打、10盗塁〟を達成。2001年のイチロー以来となるMLB史上初となる新人王を獲得した。

以降、右ヒジにメスを入れ、左ヒザにもメスが入り、思うような結果を残せない時期もありながら、大谷はいくつもの常識を覆し、いくつもの先入観を取り払ってきた。2021年の開幕前、まだ二刀流に対する先入観と戦っている感覚はあるのかを訊いてみた。すると大谷は言った。

「どうでしょう……ナメてんな、というシチュエーションは最初の頃よりは少なくなっているかな（笑）。過去の（二刀流の）データがないので難しいところはありますが、だからやりがいがあるということでもありますし、今は不可能なことに挑戦しているという気持ちはあんまりないですね」

その言葉通り、歴史的なシーズンとなったメジャー4年目、大谷は史上初の数字をズラリと並べた。誰もが無理だと決めつけていた登板前日のバッター出場を当たり前のようにこなし、登板翌日も休むことはなかった。降板後に外野の守りに就いたかと思えば、メジャー初のリアル二刀流（ピッチャーとして打順に名を連ねる）も実現させた。オールスターでは日本人選手として初のホームランダービーに出場し、〝1番・DH〟と〝先発〟の二役を一人でこなすという野球のルールを変える特例までMLBに認めさせてしまう。シーズンを戦い終えて、ピッチャーとして9勝、バッターとして46本のホームランを放ち、イチロー以来のMVPにも輝いた。それでも大谷はまだ伸びしろがあると信じて、もっともっとうまくなりたいと野球にまっすぐ向き合っている。その原点がどこにあったのか、そしてその礎《いしずえ》を日本でどのように築き上げてきたのか、その轍《わだち》を今一度、辿ってみてほしい。

では、さっそく時計の針を2012年の秋に戻してみよう――。

Ohtani
11
MIZUNO
FIGHTERS

野球翔年

2013

ルーキーイヤー

①高校No.1投手の選択――急がば回れ

びわ湖――。

それは、あまりにも唐突なフレーズだった。

北海道日本ハムファイターズのスカウトディレクター、大渕隆が作成した『大谷翔平君　夢への道しるべ』。26ページにわたって、日本スポーツにおける若年期海外進出の実態を考察した資料には、細かい数字や表が並んでいた。

その12ページ。

「びわ湖」と書かれた項目が現れる。大渕のフェイスブックから引用されたと思われるそのページには、曇り空の琵琶湖の写真と、大渕の友人からの琵琶湖に来ているというメッセージが記されていた。

『大谷選手の夢の確認』、『日本野球と韓国野球、メジャー挑戦の実態』と続く中、『日本スポーツにおける競技別海外進出傾向』に入る直前の『びわ湖』。あまりにも違和感のある呑気な1ページは、誰が見ても、大渕が誤ってプライベートな画面を挿入してしまったと思うに違いない。

ところが、である。

大渕の友人がその琵琶湖の写真にたまたま寄せていたコメントを読んでみて、驚いた。

「『急がば回れ』の由来です。『向こう岸に急いで行くなら、船で行かずに、陸地を遠回りして行きなさい』って。風で船が進まないから、歩いたほうが早いってことだと」

『急がば回れ』という諺《ことわざ》は、室町時代に詠まれた歌に由来している。東海道で京に向かう際には琵琶湖を渡る水路のほうが、瀬田の橋を使う陸路よりも近い。しかし、比叡山から吹き下ろされる強風で船が遭難する危険があったため、急ぐならば遠回りの陸路を使え、と詠んだ連歌師がいたのだとか。

この資料の一章一項には、『大谷選手の夢の確認』が記され、大谷翔平が抱いているであろう3つの夢が明記されている。
①ＭＬＢトップの実力をつけたい
②トップで長く活躍したい
③パイオニアになりたい
つまりこの唐突な〝びわ湖〟という1ページは、大谷の夢を叶えるために、アメリカに向かって船で漕ぎ出るのが近道のように思うかもしれないけど、日本という遠回りに

思える陸路を行ったほうが結果的には近道だよという、大渕からのメッセージだったのである。これを読んだ栗山英樹監督は、こう言った。

「いったい何を言い出すのかって最初は思ったけど（笑）。でも、説明を聞いて、これ、すげえって思ったよね。あの資料はホントにすごい。あれを読んだら、オレだってファイターズを選ぶよ。ああいうページを入れた大渕の思いって、ファイターズはこれだけのノウハウを持って、それをきちんと人に伝えて、人を成長させようとしてるんだということの表れだと思うんだ。野球選手を育てようとしているんじゃなくて、人を育てるノウハウを作ろうとしているプライドとか誇りがあるから、今がよければという発想がなくなる。プロ野球全体のことや、ファイターズの将来のこと、大谷君の人生、そういうことを大渕が本当に考えていたからこそ、少しずつ大谷君の中で何かが変わっていったんじゃないかな」

早稲田大学時代、サードで東京六大学のベストナインに選ばれた大渕は、卒業後、日本IBMに入社した。そこで培った営業マンのノウハウが生きたのかもしれない。プロとしての選手経験がない異色のスカウトはこう言った。

「偶然なんですよ。あの資料を作っているときにフェイスブックを見ていたらそんな話があって……何でも縁なんですね。数字がいっぱいで、難しい話が続く中、そろそろ読んでいて疲れるところだろうなと思ったんです（笑）。だから、ちょっとでもホッとしてもらおうと思って、真ん中に入れたんですけど……」

頑《かた》なな18歳の心は、少しずつ動いていた。

メジャー挑戦を促したスカウトの存在

ピッチャーとして、またバッターとしてもプロから高い評価を受けていた花巻東高校の大谷翔平は、ドラフト会議4日前の２０１２年10月21日、報道陣の前で進路についてこう話した。

「アメリカでプレーさせていただくことを決めました。最初から（高卒ですぐ）行きたい夢がありました。若いうちから行きたかった。ドラフトでどういう結果になっても、アメリカに行きたい気持ちが強いですし、ピッチャーとしてやりたいと思っています」

日本のドラフト1位指名が確実視される高校生が、直接、アメリカの球団と契約するとなれば、史上初のケースとなる。大谷の両親は日本のプロ野球を経てからのメジャー挑戦を強く勧めていたというが、大谷はパイオニアとしての道にこだわった。その理由を、大谷本人は振り返ってこう説明した。

「プロ野球選手になりたいと思って野球を始めたので、高校1年の頃はメジャーのことはまったく考えてなかった。でも高校での3年間、最初からずっと見てもらってたのがメジャーの球団の方だったので、そこは自分にとってすごく自信になりました。甲子園に出ていないときから、自分の将来の可能性をすごく見て下さっていた方だったので、そういう人のところでやりたいなと思って、アメリカに行きたいなと思うようになりました。その方がいなければ、メジャーに行きたいとは考えなかったと思うので、すごく感謝しています」

大谷が感謝しているというのはロサンゼルス・ドジャースの日本担当スカウト、小島圭市のことだ。小島は入学直後の大谷の才能に惚れ込み、3年間、花巻に通い続けた。大谷が続ける。

「日本のスカウトの方はいいときにはマメに来て下さるんですけど、悪いときとか負けているとき、ケガをしたときにもずっと来て下さったのは小島さんだけだったので、すごくありがたかったし、励まされました。自分のいいところも悪いところも含めて、全部を一番理解して下さって、それで評価してもらえていた方だったので、そういう人がいるところでやりたいなと思っていました」

プロ野球選手を目指す高校生の誰もが、自分の力に不安を抱く時期がある。大谷も高校に入学した時点で、マックスは143km。それでも大谷はすぐに160kmという目標を立てた。身体ができていないという理由で最初はピッチャーをやらせてもらえなかったのに、野手として1年の春から試合に出れば、いきなり4番を打つほどのポテンシャル。ただ、骨の成長に筋肉が追いつかず、股関節の軟骨が傷つく骨端線《こったんせん》損傷などのケガに、大谷は悩まされ続けた。その間、大谷を見守っていたのが小島だった。プロ野球選手になれないかもしれないというふとした不安が胸をよぎったとき、大谷を励ましてくれたのは、『小島さんが見に来てくれている、自分は小島さんに評価してもらっている』という目の前の事実だった。そして最後の夏、大谷は岩手大会で、ついに目標としていた１６０㎞を叩き出し、日本中の注目を集める存在となったのである。大渕がこんなふうに言っていた。

「ドラフト前の９月に大谷君と話をしたとき、彼の大リーグ志向が僕の予想以上で、これは大変だと思いました。大リーグのスカウトの方が熱心で、あそこまで選手の魂をもっていくというそのスタイルには、同じスカウトとして本当に敬意を表さなきゃと思います」

大谷は「厳しいところに身を置いて自分を磨きたい」とまで言った。アメリカへ行くんだという覚悟は、簡単には覆らない——誰もがそう思った。

「大谷君はまだ悩んでいる」——球団が見出した一筋の光

しかし、ファイターズだけは、そういうふうには決めつけなかった。

山田正雄ＧＭは、大谷がプロ志望届を出した時期が引っ掛かった。

「大谷で行こうと決めた理由を一つ挙げればね、そこだったんですよ。本人が１２０％、なんとしてもメジャーに行くんだというなら、僕は日本の球団に指名されるために必要な（２０１２年）10月11日までにはプロ志望届を出さないだろうと思っていたんです。

アメリカに行きたいなら、10月11日よりも後に志望届を出せばいいんですから。でも、9月19日という早い時期に志望届が出た。それからいろいろ考えて、なかなか結論が出なくて、ドラフトの4日前にアメリカへ行くと言った……ということは、何かしら悩むだけの材料があるということでしょ。両親が賛成してないんじゃないかとか、監督はどうなんだ、本人だけが前に進んじゃってるんじゃないかとね。そういう状況の中で本人の気持ちだけを押し通して行くのは厳しいだろうし、そこに勝負をかけるチャンスがあるんじゃないかと思ったんです。僕の場合はそんな程度の、古いドラフトのやり方なんですよ（笑）」

また大渕は、別の側面から一筋の光を見出していた。

「大谷君に、『メジャーはどこの球場を見たの』って訊いたんです。僕は当然、どこかの球場を見て、僕がそうだったように、胸が高鳴ってワクワクしてしまう、そんな経験をしたんだろうなと思っていました。そうしたら、彼は『一度も見たことない』って答えたんです。えっ、そうなの、と驚きました。もしかしたら、本人はアメリカに関してあまり情報を持ってないんじゃないか、だったら資料を作ろうと思い立ったわけです。いろんな情報をすべて知った上で、それでも覚悟してアメリカへ行くというなら、それはそれで本人のためにもなると、そう思いました」

さらに栗山監督も、伝え聞く大谷の言葉から、入団へのわずかな可能性を感じていた。

「大谷君はアメリカに行きたいと言ってるわけでも、マイナーでプレーしたいと言ってるわけでもなかった。メジャーで長くプレーしたいと言ってたんだよね。だとしたら、実際にメジャーやマイナー、アメリカの独立リーグを取材してきた自分なら、日本の良さを説明できると思ったんだ。将来的にメジャーで活躍したいという気持ちは理解できる。でもなぜ日本を飛ばしてアメリカなのか。もしかしたら日本の野球のマイナス面を感じていたのかもしれないね。日本はコーチや監督にいじられて自分のやりたい野球ができなくなってしまう。アメリカならのびのびと自由にやらせてもらえるという、そんな感覚があったのかな。ただ、日本の野球界が誇る最高の武器は技術を学ぶノウハウなんだよ。若いときにしっかりした技術を教える、世界最高のシステムを持っているのは日本なんだから……」

百戦錬磨の山田GMが着々と外堀を埋め、理論派の大渕SDが理路整然と説明し、情熱派の栗山監督が熱く訴えかける。やがて大谷は周囲を見渡すようになり、頭の中で理解し始め、心が動くのを感じていた。大谷が言う。

栗山監督が驚いた大谷からの質問

「最初はメジャーでしっかりと長くやれる選手になりたいという思いがあったので、そのためには早くアメリカへ行って、3年間、マイナーで身体を作って、厳しい環境の中でやろうという意気込みがありました。でも頂いた資料を読んで、自分なりに考えて、必ずしもそういうふうになるわけじゃないなとも思いました。日本でやってからでもメジャーで長くやれると言われて、こうだというふうに決めつけないで、全部聞いて、資料もしっかり読んで決めたほうが納得できると思いました」

大渕の資料は、大谷の3つの夢を明確にした上で、その夢を叶えるための逆算を試みていた。MLBトップの実力をつけ、長く活躍するために、マイナーと日本とどちらがどうなのか。マイナーでプレーした高卒のドラフト1位クラスには日本人の前例がないため、そこは韓国の前例をあげて、メジャーの実力を身につけるためには必ずしもアメリカへ若いうちに行くのがいいとは限らないと論じた。栗山監督は交渉の最中、大谷が洩らしたこんな質問に驚いたのだという。

「大谷君は『アメリカではどうやって失敗するんですか』と訊いてきた。ケガも含めて、マイナーではどんなことが起こりやすいのか。日本人選手が失敗するケースはどこに要因があるのか。どうやって成功するのかではなく、どうやって失敗するのかっていう質問をされたとき、ウチに来るかどうかじゃなく、ああ、彼は野球選手として大丈夫な方向に進むはずだと思えたんだよね」

栗山監督がそう思った理由は、大谷のこんな言葉を聞けばわかる。

「成功した人には特別なものがあると思いますけど、失敗する人には何か共通したものがあるのかなと思って、訊いてみました」

思わぬケガや環境の違い、契約社会の厳しさなど、日米の違いを栗山監督は日本を小さなマス、アメリカを大きなザルに喩《たと》えて説明した。日本のマスは小さいけど大事に汲み取ろうとする。アメリカのザルは大きいけど網目に残る水だけが大事にされる。いつしか、大谷の心の中をファイターズという選択肢が占めるようになっていた。山田が言った。

「最初から、迷ってた部分もあったんでしょうね。それが大渕の作った資料や栗山監督の言葉で、親のことや高校の監督のことも考えたら、メジャーへすぐに行くということがどういうことなのかを自分なりに考えたんじゃないかと思います。まず日本のプロ野球でやる。それは夢を潰《つぶ》すわけじゃない。夢は先にあるわけですから。いつか夢を叶えるために、ウチでやったほうがいいと僕らは本気で思ってましたから……それにやっぱり、あの二刀流が大きかったんじゃないかと思いますね」

先入観は可能を不可能にする

そう、じつは最後の決め手となったのが、大谷がこだわっていた〝パイオニア〟の部分だった。ファイターズは、高校からアメリカへ直接挑むパイオニアになる代わりに、日本で二刀流に挑戦すればいいと持ちかけたのだ。さすがの大谷も、この提案には仰天した。

「最初、二刀流って聞いたときは、疑うわけじゃないですけど（笑）、やっぱりこのままバッターになっちゃうんじゃないかなと思いました。でも11番という背番号も含めて、ピッチャーとしてすごく評価して頂きましたし、栗山監督も中継ぎじゃなくて先発でとか、二刀流をすごく真剣に考えて下さった。アメリカに行きたいと思ったときも、まずピッチャーかバッターかどっちにするかというところで悩んで、ピッチャーとしてすごく評価してもらったのでアメリカに行こうと思ったんですけど、ピッチャー、バッター、どっちもやるというのはさすがに自分では考えてもみませんでした。ピッチャーとバッターとしてやりたいのは、高校時代にやり残したことが多かったし、このままピッチャーをやめるのは心残りのところもあったからです。最終的にピッチャーとしてどこまで行けるのかはわからないけど、ピッチャーをやり切ってみたかった。だからといって、ピッチャーが好きでバッターが嫌いとか、そういうのじゃない。どっちも自分的には好きなんです。ただ、ピッチャーとバッターのどちらがいいのか、自分でもわからない。それがどっちもやり切ってから決めればいいと言ってもらえたので、それを信用してファイターズに入団しようと思いました」

子どもの頃からエースで4番の大谷は、飼っているゴールデンレトリバーに〝エース〟と名付けた。生まれたのが11月11日で、9匹のうち、最初に生まれてきたからそういう名前をつけたのだと大谷は説明していたが、それも彼のエースへのこだわりなのだろう。しかし、プロでもエースで4番だね、という問いかけに、大谷は頷こうとしなかった。

「どうかな、と思います。それは、うーん、難しいですね。どちらでも日本を背負う、代表できるような選手になりたいなって思いますけど、もともと4番のタイプじゃないですし、ホームランより二塁打が多かったので、エースで3番なら……そうかな（苦笑）」

大谷は『先入観は可能を不可能にする』という言葉が好きだと言った。最後に栗山、山田、大渕の3人の前で、「ファイターズにお世話になります」と口に出すその瞬間まで、大谷は逆の結論を出してしまうかもしれないもう一人の自分と戦っていた。決断を言葉にした瞬間、ようやく胸のつかえが取れた。大谷に覚悟を決めさせ、心を動かしたのは、まさに先入観を取り払った、ファイターズのまさかの提案だったのである。大谷が言う。

「できないと決めつけるのは、自分的には嫌でした。ピッチャーができない、バッターができないと考えるのも本当は嫌だった。160㎞を目標にしたときも、できないと思ったら終わりだと思って、3年間、やってきました。最後に160㎞を投げられたのは自信になっていると思います」

栗山監督は、大谷の二刀流について、こう明言した。

「二刀流、やるよ。バッターとしては4番を打てるし、ピッチャーとしてエースになれる素材だから。ドラフト1位を2人獲ったようなものだよね。ピッチャーの大谷とバッターの大谷。そのためには1年、2年じゃダメ。5年でも10年でもやってみなきゃ。プロ野球じゃ無理だってみんな言うけど、最初っから無理だと言ってたらすべてが無理でしょ。やってみなきゃ、わからない。どちらかになるのか、最後まで二刀流でいくのか、これは野球の神様が決めることだから。その可能性がある以上、それを彼と一緒に追い求める責任が自分にもチームにもあると思ってるよ」

今回の大谷翔平の選択をもたらしたのは、ファイターズの面々が局面ごとに下したさまざまな選択の積み重ねがあったからだった。

敢えて1位指名を事前に公表することで痛くないハラを探られるのを防いだ山田の戦略。その1位指名の際、『大谷翔平』と入力するパソコンの上に、花巻東のマウンドの土を入れた瓶を置いた大渕の想い。一緒にやろうという言葉を敢えて封印し、大谷に二刀流を約束した栗山の覚悟——。

彼らの話を聞くほどに、大谷が近道の海路ではなく遠回りの陸路を選んだのは、決して強い向かい風を避けたわけではないのだと思い知らされる。急がば、回れ。大谷は琵琶湖の対岸ではなく太平洋の向こうを目指して、まずは風の強い陸路を進む。

②１００年に一度の道なき挑戦

じつは、ずっとピッチャーにこだわってきた大谷翔平は、こんな話をしていた。

「最初に二刀流の話を聞いたときは、疑い……というわけじゃないんですけど（笑）、やっぱりこのままバッターになっちゃうんじゃないかなという思いはありました」

しかし、ファイターズは本気だった。

そして、指揮官も本気だった。

栗山英樹は、野球界から吹きつける常識という名の凄まじい逆風と戦いながら、大谷の〝二刀流〟にこだわり続けている。

「翔平はバッターとしてスタメンで開幕戦に出た。ピッチャーとしても早い時期に一軍のローテーションに入ると思ってる。それを最高の形としてキャンプからイメージしてきたんだ。ローテーションに入って投げ始めないと、ピッチャーとしての翔平とバッターとしての翔平のバランスが見えてこないからね」

バッターとしては、開幕スタメン。

ピッチャーとしては、一軍で先発。

これを実現させることが、指揮官の〝宣戦布告〟だった。つまり、「プロで二刀流は無理」「どっちつかずの中途半端になる」「ケガをする」といった〝球界の常識〟を振りかざす声に対して、『大谷翔平は二刀流でいく』という指揮官なりの覚悟を示すためにも、それは必要な道標《みちしるべ》だったのである。

「そうやって示さなきゃいけないという気持ちは、もしかしたらあったのかもしれない。『潰れたらどうするんだ』『何を考えているんだ』という声はさんざん聞こえてきたし、でも、そういう声を何とかしたいと思ったのは、翔平の耳に入れたくなかったからなんだよ。要は、若者が大志を抱いて、覚悟を決めて、誰一人として分け入ろうともしなかった道なき道を進もうと一生懸命、頑張ってるのに、それを邪魔しないで欲しいということ。人間なんて弱いものだから、たくさんの人に言われれば揺らぐことだってあるじゃない。翔平にとって『ホントに両方やっていいのかな』というのは、要らない疑問なんだから……」

〝宣戦布告〟への準備とケガ

大谷は、開幕から外野手として一軍の打席に立ち続けた。キャンプでは「ここはもういい、もう十分やったと思えるまでは二軍でやりたい」と洩らしていた大谷だったが、逆に栗山監督は「翔平は一軍の選手、それだけのオーラもある」と頑なに譲らない。実際、ライオンズとの開幕戦ではタイムリーを含む2本のヒットを放ち、早々に結果を出した。

それでも、ピッチャーとしてはさすがに段階を踏む必要があり、栗山監督は大谷を2013年4月11日、千葉でのイースタンの二軍戦に先発させた。しかし、「まだやり残したことがある」と、ピッチャーに特別な想いを残す大谷は、二軍とはいえ初めての公式戦のマウンドに気持ちばかりが先行し、身体が開いてコントロールが定まらない。ストライクを取りにいってボールが高めに浮くと痛打されるという悪循環にも陥った。さらに牽制球は悪投する、ベースカバーは遅れる、抜け球は目立つ……底知れぬポテンシャルを示すボールは何球もあったものの、ゲームメイクをする総合力という点においては未熟さを晒《さら》してしまった。

ただ、たとえば朝が早くて目覚めの悪い身体をランニング量を増やすことで叩き起こそうとしたり、ゲーム中もカーブを使うことで横振りになった身体の使い方を縦振りに修正しようとしたりと、非凡なセンスを垣間見せる場面もあった。もちろん、当たり前のように150㎞を叩き出すストレートは、高卒ルーキーの域を遥かに越えている。バッターとしては開幕スタメンを実現させ、ピッチャーとしても一軍で先発させるメドをゴールデンウィークの後半に設定した栗山監督は、〝宣戦布告〟への準備を着々と進めようとしていた。

ところが、指揮官が思い描いていた筋書きが狂った。大谷がケガをしてしまったのだ。大谷は、人よりも関節が柔らかい。関節が柔らかければそれだけ広い可動域を確保できる分、関節の周りの筋力を鍛えなければ捻挫のリスクは高まる。しかも彼の骨には成長の余地があり、18歳の大谷はまだ成長期の真っ只中であることが窺《うかが》える。ただし、彼の場合は右と左の成長速度がズレているせいで、左右のバランスがうまく取れていない。バランスが取りにくい上に関節が柔らかいとなれば、当然、足をくじきやすくなる。

つまり大谷は、捻挫をしやすい。高校時代からそうだった。だからあのプレーでも右足を捻《ひね》ってしまったのである。

エース級の初球を次々に好打。打撃技術の高さを示したが……

4月13日の神戸、バファローズとの一戦。大谷は『8番ライト』でスタメンにその名を連ねていた。ここまでバッターとして7試合に出場し、17打数4安打。その2日前にピッチャーとして二軍戦に先発していたこともあり、この日、一軍のゲームにバッターとして出るのは4試合ぶりだった。

その第1打席は2回表、ワンアウト三塁と先制のチャンス。西勇輝が投じた初球、アウトコース低めのチェンジアップを大谷のバットが捉えた。これがセカンドの左を抜けるライト前へのタイムリーヒットとなって、ファイターズが先制。この大谷のバッティングを敵のダッグアウトから見ていたバファローズの西本聖ピッチング兼バッテリーコーチは、舌を巻いた。

「あの場面で初球を振っていけるというのはたいしたものだよ。しかも、初めて見たはずの西のチェンジアップにちゃんと合わせてきたでしょ。なかなかできることじゃないね」

　バッターとしての大谷は、開幕戦でもライオンズの岸孝之の初球を捉えてライト前ヒットを放った。札幌でのデビューを果たしたホークス戦でも、前年の沢村賞投手、攝津正の投じた初球を左方向へ打ち返し、ツーベースヒットを放っている。その積極性と、ボールを線で捉えて、軌道にバットを入れていく技術は、バッターとしての大谷が一軍レベルにあることを、十分に示していた。

　しかし、タイムリーを打った直後、２回裏のことだ。先頭の李大浩《イデホ》が放ったライト、ライン際へのフライを大谷が追った。神戸は両翼にブルペンがあり、ファウルゾーンが極端に狭い。ラインをまたぐと、すぐにフェンスがある。ボールを追ううち、思ったよりも早くフェンスが視界に入ってきたのだろう。急停止しようと両腕でフェンスを押し返そうとした大谷だったが、その際、ブレーキをかけようとした右足が土の上で滑ってフェンスの下に潜り込み、ぶつかってしまった。そこで、右足首を内側に捻ってしまったのである。

大谷がケガをすれば、当然、球界のあちこちで大合唱が始まる。それ見たことか、疲れが溜まってたんだ、無茶なことをして10年に一人の才能を潰す気かと、球界のお歴々がここぞとばかり、騒ぎ出す。その因果関係など誰にも証明できるはずがないのに、必ず二刀流と結びつけられて非難されてしまう。だから栗山監督は、ケガをした直後の大谷を呼んで、こんな話をしたのだという。

「もともと一軍でプレーしている以上、ケガは想定内。これをいい機会と捉えて、きちんと治してからまた前に進めばいいんだ」

二刀流という言葉だけを聞けば耳に心地いいのかもしれないが、難しい選択に日々、直面しているというのが現実だ。たとえば、試合前にブルペンでピッチングをすれば、アイシングをしなければならない。アイシングをしたピッチャーは、その日、もう一度、全力で投げるなどということはあり得ない。しかしその日、外野手としてノックを受ければ、アイシング後でも全力で投げなければならなくなる。それで本当に大丈夫なのかという疑問に、今のところ、確固たる答えはない。栗山監督は言う。

「自分でも時々、野球人感覚が顔を出して、本当に両方やらせて大丈夫なのかってせめぎ合ってるわけよ。だから、みんなが言うようにどちらかにすれば楽に決まってる。でも、そうじゃない勝負を挑んでいるわけだし、翔平も挑戦したいと言ってるんだから」

「あんな選手、野球界には80年間、一人もいなかったじゃない」

右足首が癒《い》えた大谷は5月4日、西武ドームで『7番ライト』として3週間ぶりに一軍へ復帰。最初の打席で岸の内角いっぱいを突いたストレートに対し、腕を畳んでバットを振り抜いた。これがライト前ヒットとなって、この時点で打率が3割に届く。さらに栗山監督は、DH制のない交流戦のビジターゲームで「3番ピッチャー、大谷」を実現させ、それをもって宣戦布告とする新たな青写真を描いているようだ。

「まずは先入観を消す。野球界の常識に囚われない。じつはミスター（長嶋茂雄さん）と話したとき、『僕、野球界の先輩方に怒られてます』と言ったら、ミスター、あの甲高い声で笑いながら、『何を言ってるんですか。あんな選手、野球界には80年間、一人もいなかったじゃない』って言ってくれたんだよ」

以前、好きな言葉は何かと聞いたとき、大谷はこう言ったことがある。

「それは『先入観は可能を不可能にする』という言葉です。自分で決めつけるのはイヤだし、できないと思ったら終わりだと思います」

10年に一人のピッチャーと10年に一人のバッターなら、それを兼ね備える選手は100年に一人だ。栗山監督はこう言い切った。

「本当に2人いると思ってるよ。エースで4番だというイメージ。バッターとしては今でも主力だし、ピッチャーとしても立ち姿、ボールの質、どれを取っても間違いなくチームの軸になれる。あとは、いい球を投げることと勝つことは違うんだというところを、翔平がどうクリアするかだよね」

両方を同時に目指すことで、仮にそれぞれが7割ずつに終わったとしても、ポテンシャルからすれば投打とも一流の域に達するかもしれない。超一流のピッチャーもバッターも過去にいた。しかし、投打とも一流の二刀流は過去に一人もいない。どちらがいいのかを見極めるための二刀流ではないのだ。とことんまでエースで4番——それこそが、大谷翔平が目指す〝パイオニア〟なのである。

③「僕がどういう選手になるかというのは自分で決めること」

まるで野球少年に出会ったときのように、あえて大谷翔平に訊いてみた。

——どこを守ってるの？

すると大谷は戸惑いながらもこちらの質問の意図を汲んで、こう言った。

「ピッチャーと外野手です」

——二刀流って言わないいんだ。

「僕は使わないですね。誰が言い始めたのかわからないので……僕はそういう表現は使わないです。僕の中ではただ野球を頑張ってるという意識でやってますから、（投手と外野とは）やるべきことは区別して取り組みますけど、（両方やることを二刀流などと表現して）そういうふうに区別することはないかなと思います」

強い調子の言葉だった。

二刀流という言葉は使わない。

それは19歳のささやかな抵抗だった。確かに大谷は誰も歩んだことのない、道なき道を歩くパイオニアでありたいと願った。２０１２年の秋、日米の球団からその素質を高く評価された大谷は、いったんメジャー志望を明らかにした。しかし日本ハムファイターズからドラフト1位で指名され、翻意する。それは、ファイターズが提案した仰天のアイディアが大谷の心を揺さぶったからだった。

それが二刀流である。

しかし、パイオニアに吹きつける世の中からの風は、決して温かくはない。いつしか二刀流という言葉が一人歩きを始め、その挑戦に対する否定的な声が飛び交うようになる。

「二刀流なんて、ケガをする」

「どっちも中途半端になる」

「二兎を追う者は一兎をも得ずだ」

「プロを舐《な》めるな」

強面《こわもて》の古参ＯＢだけではない。ユニフォームを脱いだばかりの若いＯＢから現役の選手まで、プロの野球人の中に、大谷の挑戦を肯定的に捉える声をほとんど聞いたことがない。

しかし、ファイターズは球団を挙げて大谷を、投手として、また野手として、超一流の選手に育てようとしている。そして、球団の編成責任者であり、現在のファイターズのシステムを作り上げた吉村浩統括本部長も、この二刀流という表現には否定的だ。

「我々もその言葉は使いません。これが野球とサッカーとか（アメリカン・）フットボールというのなら二刀流だと思いますけど、野球の中の話ですからね。大谷は投手としての能力が非常に高い。野手としての能力も、抜群に高い。僕らは軸をきちんと持っていて、投手と打者の両方で圧倒的に高い能力を持っているという評価をしているんです。それを両方伸ばすという、それだけのことです。大谷が投打の両方でプロの最高レベルに到達できるという評価をしたのなら、これはどちらかの才能を潰すわけにはいかない。奇をてらったことをしているわけではないんですよ」

二刀流という言葉が一人歩きしているが、それは特別なことじゃないと吉村は強調する。予算内で効果的な編成をするためにファイターズが２００５年、吉村を中心に取り入れたＢＯＳ（ベースボール・オペレーション・システム）の構築は、日本球界を驚かせた。一人一人の選手を誰もが把握できるよう、チームの選手、他球団の選手、アマチュアの選手をすべて数値化し、効果的な比較を可能にした。

ドラフト1位を2人獲れたようなもの

プロでの指導経験がなかった栗山英樹を監督として迎えた２０１２年。絶対的なエースだったダルビッシュ有をメジャーへ送り出しても、ファイターズはリーグ制覇を成し遂げる。北海道に移って9年、主力の流出を惜しまず、育成選手に手を出すこともなく、ドラフトで獲得した選手をきっちり育て、4度の優勝を勝ち取った。それは、この球団のBOSが機能しているからに他ならない。

そんな理路整然とした方針を持っている球団が、本気で大谷の二刀流を後押ししている。どれほどの逆風に晒されようとも、決して揺らぐことはない。栗山監督もこう言っていた。

「今年はドラフト1位を2人獲れたようなもの。ピッチャーの大谷翔平と、バッターの大谷翔平。どちらもドラフト1位クラスの逸材なんだから、そりゃ、二刀流だってやりたくなるでしょ。みんな、プロ野球では無理だよって言うけど、最初から無理だと言ってたらすべてが無理。簡単にイメージできるのは、野手でレギュラーを獲って、リリーフでマウンドに上がるという二刀流なんだけど、彼の感覚だと、エースで4番なんだよね。確かに、我々の感覚でもバッティングは必ず4番になれるわけだし、あとはエースになれるだけのものをどうやって作っていくかということ。それをこっちも必死で考えていかないとね」

二本の太刀《たち》を持つことで強くなれるのか、両刃《もろは》の剣となってしまうのか。大谷の思いとは裏腹に、世の中は二刀流という言葉の持つ、強い響きに引きつけられた。

しかし、実際にプロ野球の世界で同一シーズンに投手、野手の両方で公式戦に出場した選手はほとんどいない。稀にいるのは本職があって、一時的にリリーフとして登板したり、代打として打席に立ったりするケース。投手として先発し、勝利投手となった直後に今度は野手として先発し、ホームランを放つというような二刀流は藤村富美男、川上哲治など、戦中、戦後の混乱期、選手の数が圧倒的に不足していた時代まで遡らないと見当たらない。

その後の球史を辿れば、金田正一、江夏豊、堀内恒夫、平松政次、桑田真澄など、バッティングのいいピッチャーはいた。それでも、子どもの頃からのエースで4番を貫いたプロ野球選手は一人もいない。だから、そんなことが叶うはずがないとすぐに思ってしまう。ところが大谷はこうも言った。

「できないと決めつけるのは、自分的には嫌でした。ピッチャーができない、バッターができないと考えるのも本当は嫌だった。１６０㎞を目標にしたときも、できないと思ったら終わりだと思って、３年間、やってきました。最後に１６０㎞を投げられたのは自信になっていると思います」

高校時代の大谷は、花巻東のピッチャーとして１６０㎞のストレートを投げ、バッターとして高校通算56本のホームランを放った。その才能は子どもの頃から抜きん出ていた。誰よりも速いボールを投げ、誰よりも遠くへ打球を飛ばしていた。

15スイング中11本のホームラン

大谷が野球を始めたのは、小学2年のとき。社会人野球でもプレーしていた父の徹さんに連れられて、リトルリーグの門を叩いた。当時、岩手県の水沢リトルリーグで事務局長を務めていた浅利昭治さんがこう話す。

「翔平はヒョロッとした子で、背もみんなより少し大きいくらいでした。小学校に軟式のスポーツ少年団があるのに、一人で硬式のリトルリーグに来るなんて勇気ある子だなと思いました。足が速くて肩が強くて、マイペースで無口で、そのくせわんぱくでね。私たち、春に福島の相馬で合宿してたんですけど、あるとき、一人、海に落ちたって報告があって、私、すぐに翔平かって聞きました。そしたら、そうですって（苦笑）。牛若丸みたいにポンポンとテトラポッドを飛んでいるうちに、滑って海へジャッボーンと落ちたらしい。危ないから行くなって言っても行くんですよ、あの子は……」

息子を水沢リトルに入れた大谷の父、徹さんは、ほどなくチームの監督となった。徹さんが振り返る。

「監督として自分の子どもと接するのは難しい面もありましたけど、野球をするときには監督だから言葉遣いを考えなさいということは徹底させました。その分、家に帰ってすぐ一緒に風呂に入るんです。そこではお父さんとして翔平と野球の話をする。こっちの話を聞いているだけでしたけど、今、考えれば大事な時間だったのかもしれません。中学2年くらいまで風呂には一緒に入ってましたね。こんな話、翔平は嫌がるかもしれませんが（笑）」

じつは大谷に、今の自分を作る上でもっとも大事だった時期はいつだと思うか訊ねた。

すると、すぐに「小学校の頃です」という答えが返ってきた。

「リトルのとき、初めて全国大会へ出場できました。その目標のために練習をやってきて、それを達成したときは、今までで一番と言っていいくらい嬉しかったんです。5年生のときには準優勝、6年生のときはベスト4だったんですけど、あのときの負けは今でも思い出します。すごく悔しい思いをして、次は優勝してやろうという気持ちで頑張れましたし、そういう悔しい経験がないとそういう思いもできないんだということを知ることができました。最後の1年は本当に必死で練習しましたし、家の中ではずっとボールとバットを持ってました。野球のことがちょっと頭にあるだけで全然違うと思ったので、常にボールを上に投げてみたり、バットを握ってみたり、何か野球につながるようなことがないかと探していたんです」

リトルリーグの試合に出られるのは12歳まで。誕生日によっては中学1年まで試合に出られる子どもと、そうでない子どもに分かれるのだが、大谷は中学1年まで試合に出ることができた。水沢リトルの浅利さんが続ける。

「6年生の頃には岩手県で翔平のボールを打てる子は一人もいませんでした。バッターとしても、通算ホームラン数は35本です。県大会のホームランダービーでも、翔平は6年生なのに各チームで4番を打ってる中学1年の選手たちの中でダントツでした。みんな力むからラインドライブの打球になって、なかなかホームランを打てないんです。最高で15スイング中、3本だったかな。でも翔平は、11本。フワッと振って、バットにボールを乗せて軽々と運ぶから、打球は速いし、いい角度で上がれば飛びます。試合でも翔平がバッターボックスに立つと、外野手には当然、下がれ下がれと言うんですけど、そのうち、内野手にまで下がれ下がれと言うようになりました。翔平の打球は強すぎて危ないんですよ。だから翔平には、ピッチャーライナーだけは打つなと言ってました」

6イニングで17奪三振

岩手県奥州市を流れる胆沢《いさわ》川。

その河川敷に水沢リトルのグラウンドがある。東北自動車道と水沢東バイパスに挟まれた、二面のグラウンド。65ｍのフェンスがあり、ライト側に川が流れている。ここで大谷は中学1年までの5年間、練習に励んできた。ライト側の川の手前には木が並び、その枝に手作りのネットが張られている。浅利さんが説明してくれた。

「翔平ネットです。お父さんたちが一生懸命、作ったんですけど、まったく役に立ちませんでした。翔平は左打ちですから、あの子がバッティング練習をすると全部、川に飛び込んでしまうんです。ですから練習では、アウトコースに投げるからレフトへ打てと言いました。翔平は引っ張り禁止です。何しろボール1個、750円ですよ。翔平に気持ちよく、パキーン、パキーンと打たれたら、チームのボールが何個あっても足りません」

リトルリーグの最終年、大谷が中学1年のときの水沢リトルは県内で無敗。東北大会も勝ち抜き、全国大会出場を決めた。その準決勝で大谷はとんでもないピッチングを披露する。6イニング制の試合、18のアウトのうち17を三振で奪ったのだ。打たれたヒットは1本、フォアボールはゼロ。大谷が三振を取るたびに、球場はシーンと静まりかえったのだという。監督としてベンチにいた父の徹さんは、息子の才能をこんなところに感じていた。

「翔平は、教えたことがすぐできるようになりました。その早さには感心しましたよ。教えてもらったことを練習したからと言って、すぐに身につくものじゃないのに、こういう打ち方をしなさい、こうやって投げなさいと教えると、すぐにできるようになる。あれを野球センスって言うんですかね」

キャッチボールをすれば、みんなが助走をつけて投げ上げ、ツーバン、スリーバウンドでやっと届く距離を、小学生の大谷は立ったまま、ライナーのノーバンで投げた。打てば、引っ張り禁止という環境の中で、強い打球を逆方向へ打つ技術を身につけた。大谷一人が、投げても打ってもずば抜けている。だから、と浅利さんは言う。

「二刀流だって、翔平を小さい頃から知っている私たちにはちっとも不思議じゃない。子どもの頃から誰よりも上のレベルで投げてきたし、打ってきたんですから、栗山監督に両方やってみるかと言われて、無邪気に喜んだんだと思います。翔平は野球小僧ですから、おそらく二刀流だの何だのってことは難しく考えてませんよ（笑）」

思っていたよりも、もっと上の自分がいた

リトル全国大会に出場した大谷は、その後、シニアでも全国の舞台に立った。大阪で行なわれた全国大会の真っ最中に、菊池雄星を擁する花巻東高校が甲子園を沸かせていた。当時から一関シニアの監督を務めている千葉博美さんが、こんなエピソードを明かしてくれた。

「ちょうど試合の空き日があったんですけど、その日は甲子園では花巻東の試合はなかった。で、キャプテンの翔平を呼んで、花巻東の出ない甲子園の試合を観戦するか、花巻東の練習を見学に行くか、みんなの意見をまとめておくように話したんです。そうしたら甲子園じゃなくて練習に行くという。後で聞いたら、みんなは甲子園に行きたかったのに、翔平だけが練習を見ようと言ってたらしいんです。翔平の一存で決めたみたいですね」

その年の花巻東は、春のセンバツで準優勝、夏の甲子園ではベスト4まで勝ち進んだ。そして菊池と入れ替わりで大谷が花巻東に入学する。大谷の母、加代子さんがこう話す。

「翔平は高校で日本一になるんだって花巻東に入ったんです。でも、一番大事な2年の夏を前にケガをして、そこから半年くらい、満足に投げられませんでした。3年の春にはセンバツで投げましたけど、まだケガが治ったばかりで甲子園では勝てなかった。3

年の夏も160㎞を出しましたけど、冬のトレーニングができてなかったことが響いて、甲子園には出られなかった。結局、勝てるピッチャーになれなかったことが、翔平の中で不完全燃焼という形で残っているんだと思います」

身長が190㎝を超えてもまだ成長段階にあった高校時代、大谷は骨の成長に筋肉が追いつかず、股関節の軟骨が傷つく骨端線損傷などのケガに悩まされた。大事に育てようという方針から、花巻東の佐々木洋監督は身体のできていない1年の大谷にはピッチャーをやらせなかった。しかし、野手としては1年の春からいきなり4番を任せている。大谷がこう振り返った。

「自分はピッチャーで行くものだとずっと思ってました。でも、ケガもあって、ピッチャーができない時期のほうが長かった。だから高校時代はバッティング練習をたくさんやりました。試合では3番とか4番を打たせてもらっていたら、バッターとしての自分がどんどん良くなっていくのを感じました。思っていたよりも、もっと上の自分がいたので、バッティングが楽しくなってきたんです。その分、ピッチャーとしては高校時代にやり残したことがあまりにも多かった。このままピッチャーを諦めるのは心残りのところもありました。だから、ピッチャーをやり切ってみたかった。ピッチャーとバッターのどちらがいいのか、自分でもわからない。そんなときに両方やればいいと言ってもらえたので……」

高校を卒業してすぐアメリカへわたり、メジャーのスーパースターを目指すというパイオニアを夢見ていた大谷は、だから、いったんアメリカ行きを封印した。投手と野手の両方で、同時に超一流を目指そうという前代未聞のチャレンジ。日本でもパイオニアを目指す方法があったのである。

「ピッチャーとバッター、どっちもやるというのはさすがに自分では考えてもみませんでした。だから最初、ファイターズから両方できるって聞いたときは、疑うわけじゃないですけど（笑）、やっぱりこのままバッターになっちゃうんじゃないかなと思いました」

大谷の母、加代子さんもこう話す。

「あの子と進路について話していたとき、『ピッチャーとバッターって、どっちもできないのね』って言っちゃったんです（笑）。私の中にも翔平がプロになるときはダルビッシュさんのようなピッチャーに、というイメージはありました。でも、高校時代のあの子はピッチャーとして結果も残せなかったし、不完全燃焼で、バッターとして先に芽が出ちゃってるようにも見えました。だったら両方やればいいのにって思ったんですけど、翔平はそのとき、『プロの世界はピッチャーもバッターも死にもの狂いでポジションを奪おうとしている世界なんだから、どっちもやりたいなんて、やってる人に失礼だよ』って言ってました」

だから最初は、ファイターズから二刀流を持ちかけられても俄《にわか》には信じられなかったのだ。

しかし、ファイターズの本気は大谷の心を動かした。エースになってほしいという思いを、ダルビッシュ有のつけていた背番号11に託して、大谷の前に差し出したのである。父の徹さんはこう話す。

「本人は嬉しそうにしてましたよ。もう、やる気満々でした」

加代子さんも、こう続ける。

「昔から翔平には人のできないことをやってみたいという冒険心があったと思うんです。花巻東に入るときも『雄星君たちの代で全国優勝していたら違う高校に入っていた』と言ってましたし、メジャー挑戦をすると言ったときもパイオニアになりたいと言ってましたよね。誰もやったことのないことをやりたいんでしょう。私、『どっちもやるんじゃ2000本安打も200勝も無理だね』って言われたことがあるんですけど、そのときに思ったんです。1000本安打と100勝の両方じゃ、ダメなのかしらって（笑）」

先入観と戦い続ける日々

大谷は高校3年のとき、「先入観は可能を不可能にする」という言葉が好きだと言った。この言葉そのものにも驚かされるが、18歳の高校生にこの言葉を好きだと言わしめたのは、いったい何だったのだろう。

「高校の監督にミーティングで教えてもらった言葉です。僕、150㎞を投げたかったんですけど、160㎞を目標にしようと言われて、最初は無理なんじゃないかと思いました。でも、やっていくうちに手応えを感じるようになってきて、そのうちできるんじゃないかと思うようになった。自分で無理じゃないかと思ってたらできなかったと思います。だから、最初からできないと決めつけるのはやめようと思いました。今は周りに何を言われても、何も感じないですね。どっちかに絞るという感覚も、あんまりないかな。そもそも、そういう感覚があったら、ここには来てなかったと思うので、今はずっと両方やっていくという目標を持ってやってます。もちろん、両方をやってるというだけでなく、誰もやったことのない結果がついてくれば、ピッチャーとバッターを両方やってよかったと思えますし、そこを求めてやっていきたいと思ってます」

2013年8月23日。バファローズ戦に先発した大谷は、9個の三振を奪い、7回途中までを1点に抑え、3勝目を挙げた。最速で153㎞のストレート、キレのあるスライダー、前半戦では投げたことのなかったフォークボールを効果的に使う、堂々たるピッチング。球数が100球に近づくにつれ、ボールの威力はどんどん増していった。ピッチャーとして底知れぬポテンシャルを、改めて感じさせた110球だった。

野手としての大谷は開幕戦で、ライオンズの岸孝之からいきなりライト前へヒットを放った。本拠地、札幌でのデビューとなったホークス戦でも前年の沢村賞投手、攝津正の初球を左方向へ打ち返し、ツーベースヒットを放っている。同い年のタイガース、藤浪晋太郎からも2本の二塁打を放つなど、打者としての大谷は積極的かつ勝負強いバッティングを披露してきた。投手として3勝目をマークした時点で、打率2割7分5厘、2ホームラン、17打点と、高卒1年目のルーキーとしては十分すぎる数字を残している。ファイターズの統括本部長、吉村が言う。

「大谷という投手が、投打の両方でこれほどの才能を持っていることに対して、我々は驚きとともに、敬意を持っています。だからこそ、みんなが『すごいな』『頑張れ』と応援してくれればと思うんです。捻挫した、打てない、打たれたと、野球選手には起こることが起こっただけで、ほれ、みたことかという風潮がある。我々が間違ったことをしているという前提が残念です。才能は伸ばすべきもので、潰すものじゃない。今の大谷に、どちらかを選ばせるというのは、どちらかの才能を潰すことになります。どちらかに絞ればうまくいくというのは、先入観です。大事なのは、2つある才能を2つとも伸ばすことなんです」

チームの大先輩が一人で食事をしていても、平気な顔で話しかけながら隣に座って、一緒に食べる。その無邪気さと素直さが、チームの先輩からも愛される所以《ゆえん》だ。一軍のベンチでいじられ、からかわれるのも、彼の実力を誰もが認めているからに他ならない。残り1カ月、栗山監督は大谷のプロ1年目、二刀流の総仕上げに入る。

「翔平は、この先入観だらけの中、オールスターまでケガをしないでよく頑張ってくれた。ここからもう一つ、行くよ。オレはもう覚悟を決めてるからね。5試合で野手、1試合は先発。そこまでは行きたい。翔平に『身体、大丈夫だな』って言ったら、嬉しそうな顔で『ハイ、ありがとうございます』って。たいしたもんだよね（笑）」

一方の大谷は、監督の覚悟なんてどこ吹く風といった顔でこう言った。

「目標を持つことは大事だと思いますし、僕がどういう選手になるのかというのは自分で決めること。どういう選手になりたいのかと言われたら、毎日試合に出て、大事なところで打てる選手。任された試合には負けないピッチングができる選手。チームの柱として頑張ってる自分を想像するのはすごく大事なことかなと思います」

19歳の大谷翔平は今、確かに誰も歩いたことのない道を歩いている。

④ 3勝3本塁打の1年目
――2つのカベの向こう側へ

初めての中6日だった。

2013年10月19日、宮崎――ホークスが秋と春にキャンプを張るアイビースタジアムの隣には、生目《いきめ》の杜《もり》第2野球場がある。ここで、フェニックス・リーグのゲームが行なわれていた。この日、四国アイランドリーグプラスの選抜チームを相手にマウンドへ上がったのは、ファイターズの大谷翔平だ。シーズン中は6月と7月に中7日での先発を一度ずつ、10月に一度、それぞれ経験しているが、中6日での先発は一度もなかった。

栗山英樹監督が「1週間に6試合あるとして、5試合は野手、1試合は投手として先発するのが二刀流の着地点」と話していたことがあるが、そのためにはまずピッチャーとして中6日で先発しなければならない。初の中6日での登板は、6回を投げて被安打2、失点1。最速は152㎞を叩き出し、10個の三振を奪った。大谷はこう話した。

「中6日の間、野手の練習をしなかったので、次の登板まですごく長く感じました。練習自体も少なくなるので、疲れが取れるのも早いと思います。前回、投げてから2日で回復しましたし、中6日でしっかり投げられたのでよかったと思います」

ルーキーシーズンを終えたこの秋、大谷はピッチャーに専念して練習に取り組んでいた。改めて言うまでもないが、大谷はプロの世界で〝二刀流〟を実践している。高校時代は、花巻東のピッチャーとして160㎞のストレートを投げ、バッターとしては高校通算56本のホームランを放った。大谷は、高校野球では珍しくもない〝エースで4番〟を見据え、ルーキーイヤーに、プロとして、かつてないシーズンを過ごしたのである。そして、秋になってから、大谷はピッチャーとしてのギアを上げるためのアプローチに取り組んでいる。大谷はプロ1年目のシーズンを、こんな言葉で振り返った。

「楽しかったといえば楽しかったですし、苦しかったといえば苦しかった。来年の自分に対する期待という意味での楽しさもありますし、もしかしたらダメなんじゃないかという不安な気持ちもあります。でも、二つやったから大変だったとか、そういうのは……どうかな。バッティングにはバッティングでうまくいかないことがありましたし、ピッチングにはピッチングのうまくいかないことがあった。それは二つやってなくても、一つだったとしても変わらなかったと思います。二つやってるからしんどいとは思わなかったですし、ただ、別々にうまくいかなかったことが多かったかなとは思います」

ピッチャーとして13試合に登板、3勝0敗、防御率4・23。

バッターとしては主にライトを守って64試合に出場、打率2割3分8厘、3本塁打、

20打点。

「満足はしていませんけど、納得はしています」

この数字を受けて、大谷はこう続けた。

「子どもの頃は、単純に楽しいなと思って野球をやっていましたけど、プロでは数字がついて回ってきますよね。1打席が終わるごとにそういうことを考えたりしてしまうので、そのあたりが（プロは）違うんだなと思いました。（1年目の）数字については、原因があって結果があるわけですから、満足はしていませんけど、納得はしています。自分の実力がそのまま出ただけなので、それなりの数字だったんだと……あとは実力をもっともっと上げていくしかないかなと思います」

プロとしてのスタートは野手からだった。

ライオンズとの開幕戦では8番、ライトでスタメンにその名を連ねる。岸孝之からタイムリーを含む2本のヒットを放ち、早くも才能の片鱗を感じさせた。悠々と船出を果たした大谷だったが、じつはバッターとして、プロの高いカベに何度もぶつかっていた。

「最初は全然、ボールが見えなかったんです。キャンプでは、いつもなら待てるはずのボールを待てなくて手が出てしまいましたし、変化球のキレにも驚きました。思ったようなスイングもできてなくて、たまたま当たってポテンヒットになったりというラッキーに助けられていたんです。確実に、自分で打ったという感覚はまったくありませんでしたね」

とりわけ衝撃を受けたのは、プロのピッチャーが投げるアウトローへのストレートだ。

「シーズンの最初の頃は、プロのピッチャーは低めのボールが違うんだなと思いました。とくに低めへのストレートは、高校生のピッチャーなら垂れてボールになるところが、プロのピッチャーはストライクになる。最初はそういう感覚のズレを感じましたね。アウトコース低めのどこまでがボールになって、どこまでが伸びてきてストライクになるのか。そこが高校生とプロのピッチャーでは一番、違ったところかなと思います」

たとえばライオンズの十亀剣だ。

5月6日、大谷が初めて1番バッターに抜擢され、試合開始と同時にいきなりバッターボックスに入った、その初球。十亀はアウトローにストレートを投げ込み、大谷はその球を見送った。それがストライクとなり、2球目。初球とほぼ同じコースのボールを大谷は振りにいくものの、バットが届かず、空振り。最後はさらに伸びのあるアウトコースのストレートに、空振り三振を喫した。

しかしそれから約2カ月が過ぎた6月29日のゲームで、大谷は十亀の低めへのボールを見極め、最後はアウトローのシンカーをライト前へ弾き返している。プロならではの低めへの伸びに対する感覚のズレは、かなり修正されていた。6月には打率は3割4分8厘まで上がり、7月までは3割をキープしていた。

ところが8月になって、数字は急降下してしまう。次に立ちはだかったカベは、プロの投げる高めのボールだった。象徴的だったのは8月2日、イーグルスの田中将大に3打席連続で空振り三振を喫した、その3打席目だ。ボールゾーンに逃げていくアウトハイへの151㎞のまっすぐに手を出して、空振り三振。大谷は高めの難しさをこう語った。

「これは今の段階でもそうなんですけど、今度は低めじゃなくて、高めのストレートなんです。高めは、今までの自分の感覚の中では（垂れてくるはずなので）ストライクになると思う高さが、（伸びてくる分）ボールになる。つまり低めとは逆に、ボール球なのに振りにいって、空振りしたり、ファウルになっちゃったことも多かったかなと思います」

さらに大谷を追い詰めたのは、プロのえげつない配球だった。田中に対して11打数ノーヒットと、完璧に封じられた大谷。9月21日の第1打席では、初球にスライダー、2球目にスプリットを投げられ、いずれも空振りを喫して、あっという間に追い込まれる。そこから150㎞超のストレートを2球挟まれてから、最後はふたたびスプリット。またもバットは空を切り、これが今シーズン、田中に奪われた6個目の三振となった。

「（ヤマを）張ってないボールが来たとき、ファウルにしたいんです。ストレートに張ってるカウントで変化球が来たとき、それを何とかファウルにして次のボールを待てたり、簡単に空振っちゃうんじゃなくて、そこでもう一つ、見ることができれば違ってくるかなと。シーズン序盤はピッチャーもストライク先行で、ストレートから入ってきてくれたので、打ちやすかったかなとは思います。自分の思っていたところに、思い通りに来てくれていたので、そういうところで結果は出ていたのかな。でも、最後のほうは配球で言えば変化球で入ってきたり、コースで言うならストレートでも内角は見逃す確率がたぶん高かったと思うので、内角から入ってくることが増えたり……そういうところが違ってきました。思い通りに来たときにはどんどん振っていいと思いますけど、そうじゃないときに振ってもただ凡退しちゃうだけなので、コースを読んで、ボール球を見極めて、自分の有利なカウントにもっていくことも大事かなと思いました」

「翔平のバッターとしてのレベルはとんでもない」

9月以降、バッターとしての数字は45打数6安打、打率1割3分3厘。9月10日にバファローズの金子千尋からホームランを打って以降は不振に喘《あえ》ぎ、33打数2安打、打率6分1厘。結果を出せない打席が続いた状態のまま、シーズンを終えた。それでも栗山監督は、バッターとしての大谷のことを心配していない。だからこそ、この秋はピッチャーに専念させているのだ。

「ピッチャーとして準備をすれば、中6日で投げられるようになるのか。そこさえできれば、バッターはいつでもできる。翔平のバッターとしてのレベルはとんでもないよ。

練習しなくても、平気で打っちゃうんだからね」

　ピッチャーとしての初先発は、5月23日。スワローズ戦で5回を投げて86球、そのうちストレートは64球、150㎞を超えたのはじつに43球。試合後の大谷はこう言った。

「気がついたらまっすぐしか投げていなかったという感じです。自信もありましたし、実際、まっすぐで押して行けた。スライダーで変に当てられるより、まっすぐでファウルを取ったほうがいいと思ってましたから」

　圧巻だったのは7試合目の先発となった8月23日のバファローズ戦だ。7回途中までに9個の三振を奪う。この日、3勝目を挙げた大谷は、フォークボールを実戦で初めて使った。ピッチャーとしても底知れぬスケールを十分に感じさせた大谷は、1年目を終えて感じた課題に、まず安定感を挙げた。

「まだ一球ごとにバラつきがあって、フォームが安定しない。だからまず、フォームをしっかり固めることかなと思います。今は一球ごとにリズムも違いますし、出ているライン（体重移動によって描かれる身体の動線）も違う。同じラインを出せるように、フォームを安定させないと……そのためには、立ったときの感じが大事です。いい感じで立てれば行きたい方向へ行けそうな感じになるので、しっかり右足で立って、バランスよく左足を上げられるよう、トレーニングしなきゃと思います」

「今は周りに何を言われても、何も感じないですね」

ピッチャーとして投げた翌日は、気持ちを野手に切り替えながら、試合前に有酸素のトレーニングをこなす。野手の練習はティー打撃くらいで、主にピッチャーのメニューが中心となる。その翌日からは野手のメニューが中心になるのだが、遠投をしなければならないため、キャッチボールはピッチャーの組に入る。ブルペンに入るのは先発の4日前。この日は多めに投げて、さらに登板前日、20〜30球を投げる。ブルペンに入った後は、アイシングをしてから、野手のメニューに加わる。普通、アイシングをした後にもう一度、投げることはあり得ないわけで、このあたりが球界の常識や先入観との戦いになる。

「アイシングをしたらもう一回、暖めます。ストレッチをして、元に戻すんです。怖さはないですよ。もう慣れましたし、後半に入ってやっと流れがつかめた感じがしましたから……そう感じてから2カ月くらいかな。ここからだなと、やっと思えたところでシーズンが終わっちゃいました。今は周りに何を言われても、何も感じないですね。どっちかに絞るという感覚も、あんまりないかな。そもそも、そういう感覚があったら、ここには来てなかったと思うので、今はずっと両方ともやっていくという目標を持ってやってます。どういう選手になりたいかと言われたら、毎日試合に出て、大事なところで打てる選手。任された試合では負けないピッチングができる選手。チームの柱として頑張ってる自分を想像するのはすごく大事なことかなと思います」

野球に〝二刀流〟というポジションがないことを、大谷は誰よりも理解している。ピッチャーとして、しっかりとラインの出せるフォームを固める。バッターとして、低めと高めのボールの伸びをしっかりと見極める。プロでの1年間を経て経験値を高めた19歳の大谷翔平は今、地に足をつけて、投打それぞれの課題と向き合う秋を過ごしていた。

FIGHTERS

野球翔年

2014

2ケタ勝利、2ケタ本塁打

①2014年の誓い「投手で2ケタ、打者で3割はクリアしたい」

――初めてのオフ、どんな風に過ごしていますか。

「自分で予定を組んでいかなければならないので、最初はどう過ごせばいいのかなと思いました。でも、実際にやり始めると、けっこうやることはあるので、楽しいですね。自分の予定もありますし、練習もちょっと（笑）、やったりしてます」

――ルーキーイヤーのこの1年間、ご自身の中では何がもっとも変わったと思いますか。

「まず、身体が違うと思いますし、技術ももちろん違うと思います。でも一番変わったのは、1年、たくさんの試合に出させてもらって（投手として13試合、打者として77試合）、すごくいい経験をしたことかなと。1年を通すとどういう感じなのか、そのペースがわからなかったし、それが不安だったんですけど、今は実際にやってみて、もう不安はありませんし、2年目はもっとこうしたいなという感じも自分の中にあります。だからそこが一番、変わったところかなと思います」

——2年目、こうしたいなというところ、具体的には……。

「僕のイメージの中では、オールスターまではすごく早かった感じがします。でも、オールスターが終わってから長かったと思うのは、体力的に落ちたのかな、疲れを感じていたのかなということもありました。2014年はそこをしっかりやりたい。シーズンというのは1試合ずつ、全力でやっていくものですけど、休むタイミングも大事なのかなと思いました」

——休むタイミングというのは……。

「試合を休むということではなく、試合に出ながら自分をどう休ませるかということです。1年目は、1年間の流れが全然わかりませんでしたし、何試合やってどのくらい休めばいいのかとか、シーズンがどのくらいの長さに感じるのかとか、そういうことがまったくわからなかったんです。でも実際にやってみたら、どうしても夏場、後半にさしかかるところが僕の中では一番きついかなと思ったので、そこで何とか踏ん張っていければ、秋、終盤につながっていくのかなとは思います」

——夏場の疲れというのは、いつ頃、自覚したのでしょう。

「オールスターの後、2、3試合ありましたね」

——えっ、2、3試合だけ？

「疲れは後半、ずっとありましたけど、すごく身体が動かないなとか、これはキツいなと感じた試合は2、3試合でした。とくに体調が悪くて、しんどくて、今日はヤバいかもと思ったのは、オールスター後の神戸での試合です」

――（2013年）7月25日のバファローズ戦。

「あの日の神戸は暑かったですし、試合前、走ってるときにもう身体がだるくて……走るとコンディショニングの状態がわかるんですけど、あれはキツかったですね」

――前夜は京セラドーム大阪でのナイターでした。5番、ライトでフル出場して2安打。神戸に移動して、その日はピッチャーとしてベンチ入りのメンバーに入っていました。

「そういうときに、だからダメだ、じゃなくて、なんとか踏ん張って乗り切っていければ、もっと調子のいい日につなげていけるのかなと思います。神戸で体調が悪くなったとき、『これがどのくらい続くのかな』と思いましたし、僕もそのときはわからなかったんですけど、実際は次の日には普通に戻って、よしと思っていたら、少ししてからの西武ドームでまた疲れがドッと来て、そのときは2、3日後まで引きずったり……」

――それは8月6～8日のライオンズ戦。

「トータルで考えれば、そういう疲れを何十試合も感じたわけではなかったので、その2、3試合をこの日が勝負だと思って踏ん張れれば、楽な日にはもっと頑張れたのかなと思います」

――オフは鍛えるチャンスでもあるし、プロ1年目、一軍でプレーした疲れも抜かなければならない。このオフ、休むことと鍛えることのバランスはどう考えていますか。

「休むということは考えてないですね。シーズン中の疲れはあんまり感じてないです。

むしろ、もっとレベルを上げていくために筋力や体力を上げられるのは今しかないので、このオフは大事かなと思っています。シーズンに入ったら勝負をしなければなりませんし、今の時期はブルペンに入ることもしませんので、ランニングであったり、ウエイトであったり、身体を作ることの比重を高くして、そのためのメニューを多くこなしています」

バッターとしての大谷に何が起こっていたのか？

――そんな夏場の疲れと関係があったのかもしれませんが、バッターとして5月終了時点で3割4分8厘あった打率が、8月の終わりに2割7分1厘となり、最終的には2割3分8厘にまで下がってしまいました。その間、バッターとしての大谷選手に何が起こっていたのでしょう。

「何も起こってないと思います」

――何も？　そんなことはないでしょう。

「すべては技量の問題です。もちろん多少の疲れもあったとは思いますし、振りが鈍くなっていたということもあったかもしれません。でも、それも含めて技術なんです。オールスターまではピッチャーもストライク先行で、ストレートから入ってきてくれたので、打ちやすかったのもあったと思います。自分の思っていたところに、思い通りに来てくれていたので、そういうところで結果は出ていたのかなと……」

——後半は相手の配球が変わってきたということ？

「そうですね。最後のほうは配球で言えば変化球で入ってきたり、コースで言うならストレートでも内角は見逃す確率が高かったと思うので、内角から入ってくることが増えたり……そういうところが違ってきました。思い通りに来たときにはどんどん振っていいと思いますけど、そうじゃないときに振ってもただ凡退しちゃうだけなので、コースを読んで、ボール球を見極めて、自分の優位なカウントにもっていくことも大事かなと思いました」

——それが2年目の課題ですか。

「そのあたりをもっとしっかりできれば、もっといい成績も残ったと思いますし、相手のピッチャーが考えて投げてくる分、こちらもそれなりの技術を身につけなければならないなと、改めて感じました」

——そのために具体的に身につけなければならない技術は何だとお考えですか。

「それはストレートの高めの見極めと、低めのタテ系の変化の見極めです。とくに高めには力強いまっすぐが来ますし、今の自分は、ストライクゾーンに来たボールを振ることでようやく勝負ができるという感じはあると思うんです。でも、力強い高めのまっすぐは、今までの自分の感覚だとストライクになるはずの高さが、グンと伸びてきてボール球になってしまう。そこでバットを出して空振りしたりファウルになると、自分の中で『今のはボール球だったな』とか『助けちゃったな』という思いが残って、次に迷いが生じてしまう。そういう球を見逃せればチャンスも残りますし、精神的に有利に立てると思うので、そこは大事かなと思います」

――オフに入ってから、『2年目も二刀流やるの？』ってずいぶん訊かれたんじゃないですか。

「いえいえ、あんまり言われませんよ。訊いてくるのは、記者の方くらいです（笑）。記者のみなさんは、そういう言葉を取りたいからなのか、わかっていても訊いてきますね（苦笑）」

――そういうときには何と答えるんですか。

「はい、やりますって」

両方やるから難しいのではなく、どちらも難しい

――改めてお聞きしますが（笑）、ピッチャーとバッターを両方やるということの難しさというのは、1年を終わってみてどこにあると感じていますか。

「感じているのは、両方やるから難しいのではなく、どちらも難しいんだということです。プロはピッチャーも、野手も、レベルが高いですし、どちらかに絞っていたとしても、まだまだ僕はこのくらいの成績しか残せないと思っているので、絞ったからといっ

てもっと勝てたとか、もっと打てたかと言われれば、僕はそうは思いません。だから、ピッチャーとしてもバッターとしても、もっともっと、技量を上げていくしかないと思っています」

——1年目の数字は、ピッチャーとして13試合に登板、3勝0敗、防御率4・23。バッターとして64試合で打席に立って、打率2割3分8厘、3本塁打、20打点です。高卒1年目だった2005年のダルビッシュ有投手は14試合に登板、5勝5敗、防御率3・53。高卒1年目だった1993年の松井秀喜選手は57試合に出場、打率2割2分3厘、11本塁打、27打点。いずれの数字と比べても遜色ない上に、それをひとりが〝二刀流〟で残したんですから、十分な数字だったと思うのですが……。

「僕の数字のほうがどちらも低いですし、何より後半に落ちるというのは印象がよくないと思います。僕の中でも、前半がダメでも後半に上がってくれれば成長したのかなという自信も持てたと思うんですけど、逆に後半、落ちたので、それが今の僕にとってはよかったのかなと思うんです。もう一回、どこをどうしなくちゃいけないのか、真剣に考えることができましたし」

気にするのは打率と防御率

——2年目のダルビッシュ投手、松井選手の数字はご存知ですか。

「ダルビッシュさんの12勝しか知らないです」（※ダルビッシュの2年目の成績は、25試合に登板し12勝5敗、防御率2・89）

――松井さんの2年目は打率2割9分4厘、ホームラン20本です。そう聞いて、意識するのは打率ですか、ホームランですか。

「やっぱり、打率じゃないですか。僕がピッチャーとしても気にして見るのは相手の打率ですから」

――では、ピッチャーとして意識する数字は？

「ピッチャーなら、個人の技量としては防御率なのかなと思います。勝ち負けは運が左右することもありますから」

――ただ、打率と防御率に目が行くとなると、規定投球回数と規定打席の両方をクリアしなくてはならないことになります。その難しさについてはいかがですか。

「そうですね。そこは僕の技量によって変わってくるのかなとは思います。現時点でどちらが高いのかによって起用法も変わってくると思いますし、どちらかに比重を置くこともチーム状況によってはあり得るんじゃないかと思っています」

――2年目はピッチャーと野手、どちらに比重を置くつもりなんですか。

「それは、栗山（英樹）監督もおっしゃっていますけど、中6日で回れるように調整をしていくということなので、そこに向かって頑張ろうと思っています。1年目はどちらかと言えばバッターとして最初から使っていただきましたし、すごくいろんな経験もさせてもらいました。ただ、２０１４年に関しては、監督が思っているプランを聞いて、自分の中で消化してやっていこうかなとは思います」

――1年目を終えた秋のフェニックス・リーグでは、ピッチャーとして中6日での調整を試みていましたが、2年目はピッチャーに軸足を置くということを、監督とは話したのですか。

「大まかにですけど……そこを目指してやってほしいとは言われました」

――その方針については、どうお考えですか。

「それがチームの方針なら、僕はそこを信じてやりたいなと思っています」

――ピッチャーとしての課題については、どうでしょう。

「ピッチングについては、抜けたボールを打ってくれてフライになったりとか、たまたまの結果もまだまだ数多くありますし、確実に低めを狙って、意図的にゴロを打たせるとか、狙ったところで三振が取れたりとか、そういうことがまだまだ少ないと思うので、そういうことができるようになったら楽しいのかなと思います」

――そのために身につけなければならない技術を挙げるとしたら……。

「まだ一球ごとにバラつきがあって、フォームが安定しないんです。だから、フォームをしっかり固めることかなと思います。まずは、立ったときの感じが大事です。しっかり右足で立って、バランスよく左足を上げられるよう、トレーニングしなきゃと思います」

――栗山監督は、ピッチャーとして中6日でローテーションに入ることを優先させれば、野手として守るのは難しくなるとおっしゃっていますが、バッターとしてはDHで試合に出るという考え方についてはいかがですか。

「それは、守れるものなら守りたいなと思います。でもそこはチーム状況もありますし、僕は守備もバッティングも、もちろんピッチングも、すべて万全の状態にしておいて、この日は投げてほしい、この日は打ってほしい、守ってほしいというチームの方針に対して、いつでも応えられる準備をしていきたいと思っています。まだ僕はピッチャーとして1年間、ローテーションで回れたわけではないし、野手としても1年間、レギュラーとしてひとつのポジションを守っていくだけの技術があるわけでもない。イメージはありますけど、まだそのスキルに達していないので、今はそこを目指してやっています」

――ピッチャーとして中6日、野手としてひとつのポジションを守るとすると、どのくらいの数字をクリアしなくちゃいけないと思いますか。

「中6日で1年間投げたら、26、27試合ですかね。それは全部、勝ちにいきますよ」

――全部、勝ちにいく。

「もちろんです。でも、2013年はチームに2ケタ勝っている方もいなかったですし、チームとしても苦しかったので、ローテーションで投げるみんなが2ケタずつ勝てればいいなと思います。僕も全部勝ちにいきますけど、2ケタは勝ちたいなと……」

――26試合投げて10勝だと、勝ち越せないかも。

「あっ、そうか。そうですね（笑）」

――バッティングの目標はいかがですか。

「規定打席に達するためには試合に出なきゃいけない。そのためには使われる技術を持ってなくちゃいけないし、信頼される選手でないといけない。そういう意味で、数字はすごく大事かなと思います。ここぞという場面で『コイツなら打ってくれる』と思わせるのは、２割バッターより３割バッターですよね」

――2年目の目標は、ピッチャーとして2ケタ、バッターとして3割。

「まぁ、そうですね（笑）」

――最後にひとつ、今の二刀流は、いずれどちらかに絞るまでの過程なんでしょうか。

「いつか、どちらかに絞ろうと思っていたら、知らない間に『どっちがいいのかな』というところに目が行ってしまって、僕自身の中で選ぶという発想になってしまうと思うんです。だからそういうふうには考えていません。とことんまで『どっちも伸ばそう』と考えるようにしています」

②二刀流の心得・投手編

「自分の球を投げればそれでいいかな、と」

２０１４年8月26日、福岡――。

ピッチャーの大谷翔平は、プロ2年目、20歳にして自身初の２ケタ勝利を成し遂げた。7月16日のライオンズ戦で９勝目を挙げてから1カ月以上、４試合の足踏みを経て、ようやく手にした10勝目ではあったが、大谷は意外にも素っ気ない。

「まだシーズン中なので、そんなに気持ちに変わりはないかな。ただ、勝てなかったときでもしっかりとしたピッチングができていた試合もありましたし、去年からすれば少しはよくなっているかな、とは思ってます」

首位のホークスを相手に7回を投げて、被安打５、奪三振９、失点１と、一見、文句のつけようがない内容に見える。しかし、この日の立ち上がり、そこには別人の大谷がいた。

先頭の中村晃をセカンドへの内野安打で出すと、４番の李大浩を歩かせ、５番の長谷川勇也にタイムリーを浴びる。結局、初回と2回をあわせて50球を費やすという、大荒れのピッチング。ところが3回以降の大谷は一転、落ち着きを取り戻し、5イニングで打たれたヒットは2本、奪った三振は7個、74球で無失点と、圧巻の内容。立ち上がりとはまるで別人のピッチングだった。それは、なぜだったのか。そのヒントは昨年の秋、大谷が洩らしたこんな言葉から垣間見える。

「まだ一球ごとにバラつきがあって、フォームが安定しない。今は一球ごとにリズムも違いますし、出てるライン（体重移動によって描かれる身体の動線）も違う。同じラインを出せるようにフォームを安定させないと……」

敵を寄せつけない凄みと、ボールが急に暴れ出す危なっかしさ

ラインがホーム方向へまっすぐ描けているときは、スライダーやカーブで楽々とカウントを稼ぎ、思い通りのコースにストレートをビシビシ決めることができる。しかしラインがホームへ向かず、三塁側にズレると、ボールが右バッターの胸元、高めに抜けていく。そういうときの大谷は、コントロールが定まらず、カウントを悪くした挙げ句、ストライクを取りに行ったところを痛打されてしまうのである。今年の大谷のピッチングには、敵を寄せつけない凄みと、ボールが急に暴れ出す危なっかしさが同居している。その二面性は、このラインにばらつきがあるせいだ。

ならば、10勝目を挙げたホークス戦、大谷はラインを修正するためにどんな工夫をしたのかと思いきや、彼は平然とこう言った。

「あのときは、ホークスの先発がジェイソン・スタンリッジだったので、投げているところをちょっと見て、マネしました（笑）。足の上げ方とか、セットの形とか、イメージなんですけど、なんとなく、そっちのほうがいいかなと思ったので、やってみたんですけど……」

なんと痛快な遊び心だろうと感心していたら、大谷に「遊び心じゃないですよ」と言われてしまった。しかし、試合中に見た相手ピッチャーのフォームをマネしようとして、すぐに自分のものにしてしまうなんて、20歳のピッチャーにできる芸当ではない。この観察眼と発想、そして器用さは、急激な上昇カーブを描いている成長曲線と大いに関係があるに違いない。

「できるようになったことは、去年に比べたらたくさんありますし、それを出せる試合も去年よりは少なからず多いかなとは思います。フォームに関しては、セットポジションから投げているので、結構、ラインも出やすいし、一球一球の労力も少なくできているので、それなりに思ったところには行くようになりました。プラス、球威が上がったのはちょっと想定外でしたね。スピードも目に見えて上がりましたし、ファウルを取れたり、空振りを取れたり、そういう部分でも球威は上がったかなと思います。オフのトレーニングは自分なりにしっかりとやってきたという自信もありますし、体重とか、目に見えて変わったところもあります。あとはフォームとか、感覚的なところも変わった実感がありますね。(球威が上がった理由は) 身体をしっかりと作ってきたからなのか、フォームがよくなったからなのか……そこはシーズンが終わった後に考えればいいと思ってます」

「相手のことよりも、しっかりと自分の持ってるものを出す」

スピードが上がったのが想定外だということは、つまり、大谷は速い球を投げようとして投げているのではない、ということだ。正確なラインを出すことに集中したおかげで、下半身主導となって、腕を振るのではなく、腕が振れるフォームになる。その結果、力感や躍動感は失われたとしても、スピードも球威も上がるのだということを、大谷は実感したのだろう。だからなのか、今年の大谷には、いい意味で大雑把に投げている印象がある。昨年は足を上げるところからチェックポイントがいくつもあり、そこを一つ一つ気にしながら投げている印象があった。ところが、今年はスッとセットの姿勢を取り、足を上げてからも自然な流れのまま、シンプルに投げているように見える。

「確かに、今年はここに投げなきゃいけないとか、こういう球を投げなきゃいけないという部分を、あまり考えなくなりました。自分がやってきたリズムやフォームに集中して、こう動いて、こう投げると、きっとこういう球がいくと考えて投げれば、別にどういう球がいこうとも気にしません。去年は、一人一人に対して、どう投げなきゃいけないかってことばかりを考えて投げていたんですけど、今年は自分の球をしっかりと投げればいいのかなと、割り切って投げてます。そこは、相手のことよりも、しっかりと自分の持ってるものを出そうということです」

試合前、大谷は鉄製の細い棒を両肩に担いで、ゆっくりと真横へ動くトレーニングを繰り返している。これは、スムーズな体重移動を可能にするためのトレーニングで、ファイターズでは〝棒のドリル〟と呼ばれているのだが、この棒のドリルを入団当初の大谷は苦手としていた。ファイターズのトレーニングコーチを務める中垣征一郎が、こう話す。

「大谷に棒のドリルをやらせると、左足から右足へ体重を移す左バッターの動きは最初から70%、できてました。でも、右から左へ移動させる右ピッチャーの動きとなると、最初は30%くらいしかできてなかった。そこから作り上げて、今では両方ともほぼ同じレベルでこなせるようになっているんですから、たいしたものだと思います」

登板間のランニング量を半分にしたり、集中してやるべきウエイトトレーニングを二度に分けるなど、ファイターズの首脳陣は二刀流のルーティンを模索してきた。栗山英樹監督が「アイツ、寮に帰って隠れてやろうとするからね」と苦笑いを浮かべていたが、大谷の下半身、肩回り、胸板の変化を見るまでもなく、彼がトレーニングにどれだけの時間を割いてきたのかは、容易に想像がつく。

シーズン終盤、さらに初のクライマックスシリーズ（ＣＳ）から日本シリーズへ向けて、ピッチャーとしての野心を、今の大谷はどんなふうに抱いているのだろう。

「まっすぐに関しては、相手に狙われている球だと思うので、まずはファウルを取れるかどうかというところを大事に考えています。今のところ、ファウルを取れる球と取れない球がすごくはっきりしていますし、まっすぐを狙われているときにまっすぐで空振りを取るのはそんなに簡単なことじゃないので、ツーストライクまでの過程ではファウルをしっかり取って、追い込んだ後で、空振りを狙いにいければいいのかなと思います」

投打とも高い評価を受けていたとはいえ、天賦《てんぷ》の才に恵まれた〝打〟は即戦力、努力の賜《たまもの》だった〝投〟は時間がかかると見る向きが圧倒的だった。しかし、バッターとしても中軸を打つ大谷は、ローテーションに一度も穴をあけることなく２ケタの白星を摑み、１６０㎞のストレートを投げている。そんなピッチャーに対し、どちらかに絞れという声は、もはやナンセンス以外のなにものでもない。

③二刀流の心得・打者編「バッターの僕には笑顔も余裕もある」

　試合前、大谷翔平がケージに入る。彼が軽くバットを振ると、凍ったロープのような軌道を描く鋭い打球が、当たり前のようにレフトの方向へ飛んでいった。バットの先がインサイドアウトの軌道を描いて出てくるため、ボールの内側を叩くことができているからだ。徐々にギアを上げていく大谷は、やがて上体を大きく捻るようになってくる。するとと今度は、虹のごとき大きな弧を描いた打球が、ライトスタンドへポンポン、飛び込んだ。

　なんというバッターだろう。

　これが、ピッチャーのメニューをこなす合間に行なうバッティング練習だとは、俄かに信じ難い。しかもピッチャーのときに感じさせるある種の険しさを、バッターの大谷はまったく感じさせない。大谷は言う。

「バッターも大事なところで一本出ないことが試合の結果に関わることもあるかもしれ

ませんけど、ピッチャーほどではないので……ピッチャーは、その日の出来が試合の結果に大きく関わってきますから、自分でもピッチャーのときのほうが余裕を持てないし、スキを見せないようにしようという意識が強いのかもしれません。稲葉（篤紀）さんにもよく『ピッチャーのときの翔平はつまんない』って言われますし（苦笑）、バッターをやってるときのほうが余裕も、笑顔もあるって言われます」

ひとシーズンに、ピッチャーとして2ケタ勝利を挙げ、バッターとして2ケタのホームランを打ったのは、ベーブ・ルース以来、96年ぶりのことなのだという。日本では前例がなく、アメリカの記録を紐解けば1918年、〝野球の神様〟と呼ばれた男が記録した13勝、11本という数字が蘇る。

20歳の誕生日を自ら祝う、1試合2本塁打

2014年7月5日、大谷は20歳になった。ちょうどその日、千葉で行なわれたマリーンズ戦に3番、DHとして出場した大谷は初回、藤岡貴裕の投じた138kmのストレートをレフトスタンドへ叩き込んだ。今シーズンの第4号――このとき、大谷は変化球を待って、外角のストレートに対応したのだと言っていた。遅い球に合わせるイメージを抱きながら速い球に反応するのは、プロのレベルともなれば容易なことではないはずなのに、大谷は「変化球はこう打とう、まっすぐならこうやって打とうって感じですか

ら」と言ってのける。

　さらに同じ試合の最終回、今度は内角のストレートを読み切って、身体を回転させた。打球は一直線にライトスタンドへ突き刺さる。20歳の誕生日を自ら祝う、自身初の1試合2ホームラン。大谷が打った10本のホームランのうち、半分の5本がレフト方向へ、4本がライト方向へ、残る1本はバックスクリーンへ叩き込んだものだ。巧さと力強さを兼ね備えている証だと言っていい。以前、バッティングに関する課題を、大谷はこう語っていた。

「ストレートの高めの見極めと、低めのタテ系の変化の見極めです。とくに、力強い高めのまっすぐは、今までの自分の感覚だとストライクになるはずの高さが、グンと伸びてきてボール球になってしまう。それなのに、バットが出てしまうんです」

　プロ2年目の2014年、バッターとしての大谷は、4月を終えた時点で3割9分2厘というハイアベレージを残していた。ところが5月は1割4分3厘と急降下。とりわけ5月後半は、6試合で23打数1安打と結果を出すことができず、ここで大谷は、ある決断を下した。

　5月31日、札幌。

　タイガースとの交流戦に3番、ライトで出場した大谷は突如、バッターボックスで右足を引いた。これまでに一度も見せたことのなかったオープンスタンスで構えたのである。

「あれは、重心をより左足に掛けたかったからです。やっぱり、フラットなスタンスのまま左足に重心を乗せておくよりは、右足を引いたほうが左足に乗りますし、そうしておけばより目線のブレもなくせます。たとえばホークスの五十嵐（亮太）さんがそうですけど、足をしっかり上げるときとクイックで投げるときを使い分けているピッチャーの対応がけっこう難しいので……左足に掛けておいたほうがいいのかなと思ってやってみました」

その試合の第3打席、大谷は能見篤史から今シーズン、2本目のホームランをライトスタンドへ打ち込んでいる。能見の低めのスライダーに対し、スイングの軌道を正確に合わせた、技ありの一発だった。

「最初は、ピッチャーとしてセットで投げるときに右足を曲げて、重心を乗せるようにしたんです。あれも、できるだけ目線がブレないように、ということで始めたんですけど、それと同じ意識がバッターのときにも働いたんですかね。いつの間にか、そういうふうになっていたという感じです」

そんなわけはあるまい。常に受け身で、相手に反応するのがバッティングだとしたら、唯一、バッターの意図が窺えるのは構えである。目に見えてわかるほど右足を引いたのだから、そこには明確な意思があったはずだ。実際、開幕から92打席を費やしてわずか1本だったホームランが、このタイガース戦以降、111打席で9本も飛び出している。

左足に重心を掛け、オープンに構えたことによって目線のブレがなくなり、高めのストレートにスイングの軌道を入れていくことも、低めの落ちるボールを見極めることも、両方できるようになった。さらにはプロ1年目、打ちに行くときに軸足がパタンと折れてしまうことでせっかく溜めた力を逃がしてしまっていたのだが、2年目はそこをガマンすることができるようになったため、ボールを捉える前後の幅が広がった。それも、ライトへもレフトへもホームランを打てる要因となっている。大谷はこう言っていた。

「やりたいことができている試合は多いかなと思います。とくに長打は自分の持ち味なので、しっかりと芯に当てていれば、勝手にボールが飛んでいって、長打になってくれる。もともとコツコツと当てていくタイプでもないので、自分のスイングができれば、必然的に打球は飛んでくれるかなと思ってます」

ピッチャーの大谷とバッターの大谷が対戦したら……

ピッチャーとして意識したことを、バッターとしても活かす。ここが二刀流の真骨頂でもある。マウンドでは右足に重心を掛けておいて、そこからシンプルにブレのないフォームで投げたら、力を入れなくても速いボールが投げられる。バッターボックスでは左足に重心を掛けておいて、目線がブレないようにボールにコンタクトすれば、打球は勝手に遠くへ飛んでいく。身体が大きくなったからなのか、技術に長《た》けたからなのか、おそらくはその両方だとは思うが、大谷は20歳にして、どこで力を抜き、どこで力を入れるのかという極意を摑みつつあるのかもしれない。栗山英樹監督は、こう言っていた。

「バッターのときには、ピッチャー大谷がマウンドにいたら自分をこう攻めるだろうなと考え、ピッチャーのときにはバッター大谷が打席に立っていたら自分のこういう球を狙うんだろうなと想像する。バッター大谷のことをピッチャーの大谷は一番よく知っているし、ピッチャー大谷のことをバッター大谷は誰よりもわかってる。最近の翔平にはそういう感じが見えることがあるよね」

ならばと、最後に訊いてみた。ピッチャーの大谷とバッターの大谷が対戦したら、どんな結果になると思うか、と——すると大谷はニヤッと笑って、こう言った。

「どうなんですかね。どっちなんですかね。でも、とりあえずはまっすぐを投げますよ。で、打ちにいって……ファウルかな(笑)。やっぱり、空振りだけはしたくないな」

近い将来、大谷は週6試合のうち、1試合に先発して、5試合で打席に立つはずだ。ピッチャーとしてローテーションを守って15勝、バッターとして3番を任され、30本のホームランを打つ。やがてはメジャーから二刀流としてのオファーが届く——これは、決して現実離れした夢物語ではない。

④「162㎞より156㎞のほうがいい」

――2014年のシーズン中、球威が上がった理由はオフに考えるとおっしゃっていましたが、オフになってそのあたりはどういうふうに整理していますか。

「球速が上がったのは、身体が強くなったことだと思っています。だから、去年のオフにやってきたウエイトトレーニングはすごく大きかったなというのがひとつ。あとは、大きくなった身体を動きの中でうまくまとめられたこともよかった。セットにしたり、フォームをいろいろ試したりした中で、動きをまとめられました。ただ、それは球速を上げるためにしたのかと言われれば、そうじゃなくて、投手としての総合的な部分でそれが必要だなと思ったからそうしたのであって、球速を上げるための練習ではなかったんですけどね。結果的に、上がったなと……」

――2年目を振り返ると、自分の中では何が一番前に進んだと考えていますか。

「相手と勝負できるようになったところですね。1年目の僕だったら、相手より自分の問題でこうしなくちゃいけないとか、結果的にフォアボールを出しちゃったかなというところがあったんです。でも、自分に対する不安がなくなって、相手を抑えるためにどうすればいいのかというところに集中できるようになりました」

感覚がいいときは、全部、真ん中めがけて投げています

——確かに、調子のいいときには、見ていて打たれる気がしませんでしたが……自分自身、これは絶対に打たれないというボールを投げたのに、そのボールを打たれてショックを受けたという記憶はありますか。

「いや、ないです。コントロールは大事なんですけど、ある程度、質の高いまっすぐで押せている日にはコースは関係ないんです。ド真ん中にいっても、ファウルを取れる。だから調子がいい日に限っては、あんまりコース云々《うんぬん》ではないのかなって感じです。もちろん調子が悪い日に関してはボールの質が低い分、コースで何とかしなきゃいけない部分があって、そういうときにコースを間違えたら打たれるっていうことはあるんですけど、ボールの質が高い日はコントロールは気にせず、押していけます。だから自分で今日はいいな、質が高いなと思った日に、コントロールよく行ったボールが打たれた記憶はありません」

——一度もないんですか……その自分の感覚でいいと思うとき、ガンのスピードはどの

くらい？

「１５６㎞ですね。カウントを取るボールも含めて１５６㎞が、今のところ、いいボールが多いと思います。僕の場合、引っ掛け投げのときに速いボールが出やすいんです。左バッターのインコースを狙いに行って、足元に抜けていくようなボールとか……そういうボールがスピードは出やすいなって感じています。高めより低めに引っ掛けたときのほうが、スピードは出やすい。その一方で、質の高いボールのときは、高めのほうが強いボールが多い。自分が全力で投げたとき、質の高いボールを投げられれば一番いいんですけど、今のところは、ちょっとセーブしつつ、身体の強さで投げに行ったときの１５６㎞のほうが、結果的に質が高い感じがします」

――そういう日って、ストライクゾーンを高低と内外角の４分割くらいのイメージで投げているんですか。

「いえ、全部、真ん中です」

――えっ、真ん中？

「真ん中です。全部、真ん中めがけて投げています。キャッチャーもコースに寄ったりせず、真ん中に構えてくれてますし、まっすぐがいいなっていうときは、真ん中です。だって、もったいないじゃないですか」

――もったいないって……？

「真ん中で打たれないんですから……多少、バラけますから、コースを狙ったら、ちょっと外れてボールになっちゃうかもしれない。せっかくボールの質が高いのに、ボール1個分外れてフォアボールにでもなったら、もったいない。だったら1個分甘くてもいいから、真ん中を狙って投げたほうがいいでしょ。前に飛んでもゴロかフライかっていう感じですから、いい日に限ってはそれでいい。ただ、悪いときにどうするかというのが一番大事なので、そこが課題ですね」

僕の身体が変われば僕のフォームが変わるのは当然

——じつは、ずっと訊きたかったことがあるんですけど……。

「ハイ」

——（2014年）2月1日、栗山（英樹）監督に怒られたじゃないですか。

「ああ、そうでしたね……『ふざけんな』って言われました（苦笑）」

——キャンプ初日、ブルペンで投げたとき、フォームがバラバラで、監督は「ウエイトトレーニングで身体をデカくし過ぎたんじゃないか」って……そのことについて、その後も監督には一切、説明していないって聞いてるんですけど、あの日、大谷さんにはいったい何が起こっていたんですか。

「別に何も……（笑）。オフの間にトレーニングして身体も大きくなっていたんですけど、その間、僕はあんまり投げてなかったんです。万人共通のピッチングフォームは絶対にありませんし、僕の身体が変われば僕のフォームが変わるのは当然のことですから、オフの間に身体が変われば、フォームが変わってくるのは自分でわかっていました」

――でも、周りはずいぶん騒ぎましたよね。

「『大丈夫か』っていう記事も多かったですし、監督からも怒られましたけど、僕としては、そんなに悪いことしたかな、っていう感じでした。だって、音合わせの作業は、キャンプが始まってからでいいなと思っていたんです」

――音合わせ？

「そう、音合わせ」

――野球の話なのに、まるでコンサートマスターみたいなことを言い出しましたね（笑）。

「あれはですね、僕からしたら、前へ進むための段階なんです。決して、後ろに下がっているわけではない。一見、技術的に衰えているというか、フォームがバラバラなように見えますけど、それは身体が大きくなって肉体的なレベルが向上したから、そのレベルにフォームがまだついていってなかっただけなんです」

――つまり、肉体と技術の音合わせ、ということ？

「そうです。運転技術の未熟な人が、高性能のスポーツカーを運転してうまく操作できるのかって言われたら、すぐには難しいと思うんです。それと同じことで、技術の向上とは別に体力が上がっていくのは悪いことではないし、体力が上がるに越したことはない。使う身体がしっかりしてくれれば、違うフォームが必要になります。その作業をやり始めたところだったので、僕の中に焦りはまったくありませんでした。実際、キャンプの段階では僕の中でまだまだいけると思ってガンガン、ウエイトもやっていましたし、身体を作る作業は続いていました。大きくなった身体とフォーム……つまり技術という音を合わせる作業は、1カ月あれば大丈夫だなと思っていたので、ここからやるからいいんだと思っていました。それは、今やっていることも同じですし、もしかしたら20 15年もキャンプ初日は同じような感じになるかもしれません（笑）」

――そんなにしっかりとした理由があったのに、監督には説明しなかったんですか。

「してないですね」

――あんなに心配していたのに、いったいなぜ？

「説明する必要はないかなと思ったので……別にそれを言ったところで（監督が）落ち着くわけでもないですし、それは結果で示すしかないかなと」

――それ、19歳の発想ですか（笑）？

「どんどんよくなっていく過程で結果が出て、あれでよかったのかと思ってくれるのが一番なので……別に、僕がそこで何か説明しても、言い訳にしか聞こえないじゃないですか。そんなの、逆にめんどくさいというか、必要ないというか……言いたい人には言わせておけばいいし、自分がしっかりやっていればそれでいいのかなと思っていました」

――その音合わせの作業というのは、いつ頃までに終わったんですか。

「ある程度、僕の中でやりたいことは開幕のときには終わっていました」

――開幕の頃には、今年の曲、つまり〝2014年の大谷翔平〟を奏でる音合わせが終わったという感じだったと。

「そうですね。ただ開幕の時点では、どのくらいの身体を操れるスキルやセンスがあるのかまでは僕自身にもわからなくて……たとえば今の僕なら100kgの体重を操れても、一昨年の今頃の僕には、それを操るための力が全然、足りてなかったと思います」

――第一楽章のクライマックスが、交流戦の頃？

「音合わせが済んで、全体のレベルが向上してきたと感じたのが6月くらいでした。これは、想像の範囲内でした」

今の僕の身体は、まだ最低基準にも達してない

――このオフも、さらなるレベルアップを目指して、体重は増やしていますよね。

「これからは体重が120kgになったとして、その身体をうまく使う作業が僕自身にできる実力があるのかといったら、そこがわからない。だから、ここからはちょっと慎重にならなきゃいけないないとは思っています」

――バッターとしてのバッティングを考えた場合、身体を大きくするに越したことはな

いと思いますけど、ピッチャーの調整力を考えたときには、身体が大きくなり過ぎるリスクは常にあると思いますが、そのバランスはどう考えているんですか。

「そうですね……バッティングは直接、筋力の作用する部分が大きいし、動きにも結果にも出やすい。打球が飛ぶようになれば、効果を実感できますからね。身体を大きくすることによって得られる技術的な進歩は、バッターのほうが大きいんでしょうね。ただ、ピッチャーはそういうわけにはいかない。それがここから慎重にならなきゃという理由です」

――これからウエイトは減らしていくということ？

「いえ、そんなつもりはありません。今の僕の身体は、まだ最低基準にも達してないと思っています。筋肉はピッチャーとして邪魔にさえならなければ、もっとつけても大丈夫かなと……バッターに必要でピッチャーをするのに邪魔な筋肉は、持っていても使わなければいいのかなと」

――もともと、バッターとしてはのびのび、楽しそうに野球をやっているのに、ピッチャーとしてはそうではないと……。

「稲葉（篤紀）さんにそう言われましたね（笑）。『ピッチャーのときのお前はつまんねえな。入り込み過ぎるせいか、見ててあんまりおもしろくない』って」

――でもピッチャーとしても、かなり楽しめるようになってきたんじゃないですか？

「２０１４年はそういう試合は多かったですね。とくに、スコアリングポジションにランナーを置いても抑えられるようになってきているので、そうなると楽しくできるのかなと思います。シーズン最後の5試合くらいになって、もうちょっと抜いてもいいのかなと思うようになったんです。いいときはいい、悪いときは悪い。そういう割り切りも大事かなと……稲葉さんがそう言うんだから、逆に、ピッチャーのときもベンチでは自然体でいればいいんだと自分で思うようになりました」

自分に届きそうで届いていない数字を目標にする

――なるほど。では、〝2015年の大谷翔平〟は、どんな数字を目指しますか。

「防御率は2014年の数字（2・61）よりもよくしなきゃいけないんですけど、そこは今の自分よりもっと向上していければ、自然によくなってくると思います。やっぱりチームが勝つ上でもっとも必要な数字はピッチャーの勝ち星ですし、僕の勝ち星が増えればチームの勝ち星も増えますから、個人として立てやすいのは、まず勝ち星かなと思います」

――年始に「目標は2ケタ」と言っていました。2015年はズバリ？

「僕が11勝して（チームが）3位だったということも考えれば、15勝以上。そこからさらにいくつ足せるかというのが一番です。そういうピッチャーがチームにひとりはいないと優勝は難しいと思いますし、そういうピッチャーでいたいというのはあります」

――20勝とは言わないんですね（笑）。

「うーん……そこは、ハードルが高すぎると目標が見えなくなっちゃうし、自分に届きそうで届いていない数字を目標にするのがベストなので……20勝となると、11勝しかしたことがない僕には、まだちょっと見えない」

――打つほうはどうでしょう。

「バッティングの目標は難しいんですよね。打率はもっと上げなきゃいけないなとは思いますけど、僕にはホームランが必要ですね。そこが増えれば、必然的に打点も増えるし、チームの勝利に近づきますから。ホームランは、20本は打ちたいです」

――高卒3年目にして、ピッチャーとして15勝、防御率は2・50、バッターとしては3割、20本。

「もう十分ですね。そこまで行ったら、さすがに自分でもすごいと思います（笑）」

HOKKAIDO
FIGHTERS

野球翔年
2015

二刀流で最多勝

①「オトナの僕と、コドモの僕と」

2014年のクリスマス。

大谷翔平のもとへ、突然、サンタクロースがやってきた。

「クリスマスに、練習をやっていたんですけど、その日、『あっ、これっていいかもしれないな』というものがあったんです。もしクリスマスだからって練習を休んでいたら、その閃きには出会えなかった。そう考えると、練習を休むことの怖さってありますよね。そうやって自分がもっとうまくなれたかもしれない可能性を、自分で潰してしまうわけですから……」

クリスマスに降ってきた閃き《ひらめ》とは、いったい、なんだったのか。

「いや、まぁ、それはね（笑）。ピッチングのほうの閃きですけど、まだこれからだと思いますし……」

もちろん、明かしてくれるはずもない。

おそらくプロ3年目が終わった頃、その閃きが何だったのか、彼は詳《つまび》らかにしてくれるはずだ。そういうオトナっぽい言動を『大谷らしい』と周りに思わせるだけの説得力が、彼には備わっている。まだ20歳だというのに――。

「うーん……どうなんですかね。自分がオトナかどうかは、すぐにはわからない。ある程度、年齢を重ねていく中で感じるのかもしれませんけど、今はまだ野球しかやってませんから、自分でオトナになったとは思わないですね」

プロ1年目、19歳の大谷が、ピッチャーとして3勝、バッターとして3本のホームランを打ってもなお、二刀流を批判する声が絶えなかったというのに、2年目の２０１４年、11勝を挙げて10本のホームランを放つや、風向きは一気に変わった。

20歳のオフ。

大谷は鎌ケ谷で練習を続けてきた。取材やイベントに引っ張りだこでも、練習時間はしっかり確保してきた。メディアに一挙手一投足が注目される中、ピッチング練習で振りかぶればワインドアップ解禁かと報じられ、バッティング練習でソフトボールを打ってみれば新メニューだと騒がれる。

「やってることは去年と変わらないし、特別なことをやってるわけでもないんですけどね。そこにソフトボールがあったから打ってみようかな、と……大袈裟に言われますけど、別に興味本位ですし（笑）」

そう言いながらも、大谷はこう続ける。

「ただ、常にきっかけを求めて練習しているというのはあります。閃きというか、こういうふうに投げてみよう、こうやって打ってみようというものが、突然、出てきますからね。やってみて何も感じなかったらそれでいいし、継続した先にもっといい閃きが出てくることもあります。常にそういう閃きを追い求めてるんです。自分が変わるときは一瞬で上達しますし、そういうきっかけを大事に考えて練習してますね」

ダルさんのイメージから採り入れたセットポジション

2014年もそうだった。

開幕前、閃きが降ってきたのだ。ランナーがいない場面では振りかぶるのが当たり前だったフォームを、セットポジションに変えてみようと思いついたのである。すぐにやってみたら、それがしっくりきた。

「部屋でスマホをいじりながら、ダルさん（ダルビッシュ有）の動画を見ていたんです。そうしたら、ふと（セットを）やってみようかなと思いました。最初は、振りかぶる良さもありますし、僕もずっとワインドアップで投げてきたので、変える怖さもありましたけど、まずは試してみようと思って、ダルさんのイメージから入ったんです。そこから、だんだん自分に当てはまる部分を選びながら削っていきました。それがすごくいい感じだったので、すぐにゲームでもやってみたんです。あれで手応えをつかんだ部分が去年はすごく大きかったし、そのおかげで前進しましたから、思い切って変えてよかったと思ってます」

20歳の誕生日（7月5日）を迎える前、19歳の大谷はピッチャーとして13試合に先発、完封を含む7勝をマークした（20歳になってからは11試合で4勝）。その一方、バッターとしては誕生日前まで115打数33安打、ホームラン3本。ホームラン率は38・33打数に1本の割合だった。しかし、20歳になってからの大谷は97打数25安打、ホームラン7本、ホームラン率は13・86に跳ね上がった。この数字は、松井秀喜が日本での10年間に記録した13・77に近い。それほどの確率でホームランを打てるようになったきっかけは、20歳の誕生日に打った2本のホームランだった。

２０１４年7月5日。

大谷は千葉で行なわれたマリーンズ戦で、初回、藤岡貴裕の投げたストレートをいきなりレフトスタンドへ叩き込んだ。さらに最終回、今度は金森敬之の内角へのストレートをライトスタンド上段へ突き刺した。20歳の誕生日を自ら祝う、自身初の1試合2ホームラン。大谷がこう振り返る。

「最初のホームランは変化球をイメージしていて、ストレートに反応できた感じでした。打席ではいつも、変化球はこうやって打とう、まっすぐならこうやって打とうって感じですからね。2本目は、まっすぐを狙って、まっすぐを打ちました。10本目の大阪での試合で打ったホームランもそうでしたけど、まっすぐのカウントで、まっすぐを狙って、まっすぐが来て、思いっ切り打ったら入った……ただそれだけなんですけど（笑）、これがバッターとしては一番、気持ちいいんですよ」

　バッターとして前に進んだ、20歳の誕生日——大谷の打球が飛ぶようになったのは、身体の変化があったからだ。まだ成長段階にある大谷がウエイトトレーニングに励めば、身体はどんどん大きくなる。高校に入学した15歳のときには、「188cm、66kgで、ユニフォームが風になびいて、みんなに笑われていた」（大谷の母、加代子さん）ほどだった大谷が、今では94kgから95kgと、約30kgも増量している。ファイターズのトレーニングコーチ、中垣征一郎は、「バッターとして必要な筋肉でも、それがピッチャーの動きを邪魔しないかどうかを見極めながらトレーニングすることが大切」だと話していたが、大谷もその難しさは理解している。

「その上で、筋肉は、もっとつけても大丈夫かなと思っています。だってピッチャーとして邪魔になる筋肉なら、ピッチャーのときには使わなければいい。あっても困らないでしょ（笑）。身体に張りが残っているときって、その筋肉を使っているかどうかがわかるんです。ここは邪魔だなとか、使わなければ大丈夫だなとか、そういうことを感じながら、ウエイトとかキャッチボールをやるようにしてますから、大丈夫です」

　なんという20歳だろう。

　やんちゃな表情を浮かべていても、話を聞けば聞くほど、唸らされる。それでもオトナになったとは感じないという大谷に、ならばオトナに必要なものは何だと思うか、訊いてみた。すると彼はこう言った。

「それは、自分に制限をかけることができる、ということかな。高校時代、『〝楽しい〟より〝正しい〟で行動しなさい』と言われてきたんです。すごくきつい練習メニューがあるとして、それを自分はやりたくない、でも自分が成長するためにはやらなきゃいけない。そこで、そのメニューに自分から取り組めるかどうかが大事な要素なんですよね。クリスマスに練習したのも、楽しいことより正しいことを考えて行動した結果。そしたら、ちゃんと閃きがあったでしょ（笑）。何が正しいのかを考えて行動できる人がオトナだと思いますし、今の自分はまだまだですけど、制限をかけて行動することは大事なのかなと思ってます」

どこまでできるかということに関しては、制限はいらない

　では20歳の今、野球少年の心を忘れないために失いたくないものがあるとしたら何か、それを訊いてみる。

「そうですね……オトナに必要な『ある程度の制限をかける』という考え方は、逆にできることとできないことの判断を現実的にしてしまう部分もあると思います。今も（投打の）二つをやらせてもらってますけど、自分にできることとできないことを予測したり、どこまで成長するかをイメージしたりすることは、今はできない。だから二つやろ

うと思ってるわけで、それを安易に、自分はここまでしかできないのかなと、憶測だけで制限をかけてしまうのはムダなことだと思います。自分がどこまでできるかということに関しては、制限はいらない。コドモはそういう制限はかけないのかなと思います」

大谷は野球を始めた小学2年生のときから、自信を持って『僕はプロ野球選手になるんだ』と言い続けてきた。そして、一度としてプロ野球選手になれないんじゃないかと思ったことはなかった、とも言った。

「そうやって、周りのオトナたちの前で、声を張って言えるコドモが、実際、プロ野球選手になってるんだと思います」

20歳の大谷は、プロ3年目の今年、いくつもできることがあると思っている。たとえば交流戦で先発して完封、ホームランも打って、かつての江夏豊ばりに〝一人で勝つ〟こともできる。15勝して20本のホームランを打つことも、170㎞を投げることも、やがてはメジャーでも二刀流を貫くことだって——何一つ、できないとは思っていない。

サンタクロースは、信じなくなったコドモのところには来なくなる。野球少年、大谷翔平のところには、どうやら今も、サンタクロースは来てくれているようだ。

②指揮官の怒りと、「音合わせ」

プロ3年目、初の実戦。

大谷翔平は2015年2月9日、名護で行なわれた紅白戦に2番手として登板した。2回、48球を投げて被安打2、失点1。計測できた中には155㎞を叩き出したボールもあり、大谷ならではの凄みは感じさせた。しかし総じて言えば抜けたり、引っ掛けたボールが目立つ、暴れ馬の如きピッチング。登板直後の大谷はこう言っていた。

「この時期、いつも思うようなピッチングはしてないですし、理想のところまではいってないんで……今日は、いい球と悪い球がハッキリしていた。今の中で納得できるかと言われればそうじゃないので、自分の中で納得できるボールを増やしていければいいかなと思います」

つまりは、ここまでは順調です、ということで、開幕まで1カ月半、実戦も始まっていないチームがほとんどの中、開幕投手の最有力と目されているピッチャーが調整段階であったとしても何の違和感もない。

ただし、この指揮官を除いては——。

「調整のつもりなら、100年早い」

「オレ一人だけが納得いってないのかもしれないけど……」

大谷のピッチングについて訊かれた栗山英樹監督は、自嘲気味に笑いながらも厳しい口調でこう続けた。

「よかったところはなし。調整のつもりなら、100年早い。今だからいいとか、最初だからいいとか、そんなことはない。何のために1月からブルペンに入って、バッターに投げてきたのか。結果を出すために準備をして、ガムシャラに、必死に、バッターを抑えてやるという、そういう積み重ねを大事にしてくれないと……」

最初のイニングはワインドアップで投げて、次のイニングでは先頭バッターからセットポジションで投げた。大谷は「どっちもやろうと思っていた」と予定通りだったことを強調したが、栗山監督の目にはそんな大谷がもどかしく映った。

「試していいよ。セットでも振りかぶるのでも、こういうことをやってみたいというのは大事。でも実戦形式なんだから、こうしたい、これをやりたいという向き合いが自分じゃなくて、相手をやっつけたい、絶対に負けないというベースでなくちゃ……アイツ、開幕をやりたいと言ってるんでしょ？　だったら、それを自分で摑んでくれということ。今日が紅白戦だという気持ちが少しでもあるなら考え違い。実績のある選手ならともかく、まだその段階ではない」

最後には大谷の開幕投手について、栗山監督は「もう一回、白紙だな、すべて」と言った。期待の裏返し、愛のムチ、親心ゆえといった想いから、大谷には敢えて厳しい言葉を発することが多い指揮官ではあるが、この日ばかりはそれだけではない苛《いら》立《だ》ちや歯《は》痒《がゆ》さを感じさせた。

いったい何を焦っているのか。

まだ第2クールじゃないか、初めての実戦とはいえ紅白戦、そんなにムキになることはない……大谷でなくとも、そう感じるかもしれない。しかし、この指揮官の感情の爆発には、じつは伏線がある。

年明け早々のことだ。

栗山監督はこんなふうに言っていた。

「だからアイツはバカ野郎なんだよ」

その言葉にも、いつもの冗談交じりのニュアンスはなく、むしろ怒気を含んでいるように聞こえた。栗山監督は、年末に大谷が別のインタビューで話していた内容を伝え聞いて、怒っていたのである。

それは、大谷のこんな言葉だった。

「説明する必要はないかな、と。それを言ったところで（監督が）落ち着くわけでもないですし、それは結果で示すしかない。別に僕がそこで何か説明しても、言い訳にしか聞こえないじゃないですか」

大谷は何のことを話していたのか。

話を1年前に戻そう。

2014年の2月1日、大谷はキャンプ初日のブルペンに入った。プロ2年目の大谷を、ピッチャーに軸足を置いた二刀流にシフトしようと考えていた栗山監督は、キャンプ初日の大谷に期待していた。しかしその日のブルペンでのピッチングは散々だった。結局、シーズンに入って大谷はピッチャーとして成長を遂げ、指揮官の不安は杞憂に終わったのだが、2014年の夏、栗山監督がこんな話をしていたことがある。

「あの初日は、命取られるんじゃないかと思ったくらい、心配した。バランスは悪い、コイツ何やってんだっていう、ひどすぎるフォームだったからね。あれが何だったのか、アイツに訊きたいよ。オレには何も言わないんだ。たぶん、翔平はピッチングとして成り立たなくてもいいと思っていたのかもしれないけど、こっちは最初のブルペンなんだから、キッチリしたフォームで投げてくれると思うじゃない。そこにギャップがあったんだろうね」

そのー2014年のキャンプ初日、栗山監督は「ふざけんな」と大谷を叱り飛ばしている。それをメディアが報じ、ちょっとした騒ぎになったのだが、そんなときの大谷は、大騒ぎする周りを眺めて戸惑っているのか、あるいはどこ吹く風なのか、表情からは読み取りにくい反応になる。当時の思いについて大谷は、こう振り返っていた。

「大丈夫かっていう記事も多かったですし、監督からも怒られましたけど、僕としてはそんなに悪いことしたかなって感じでした。だって、音合わせの作業はキャンプが始まってからでいいかなと思っていましたし、あれは僕からしたら、前へ進むための段階です。決して後ろに下がっているわけではない。一見、技術的に衰えているというか、フォームがバラバラなように見えますけど、それは身体が大きくなって肉体的なレベルが向上したから。そのレベルにフォームがまだついていってなかっただけなんです」

山の頂きは同じでも、選ぶルートは同じではない

ここで話をもう一度、2015年1月の栗山監督に戻すと、この「言い訳になるから説明する必要はないし、結果で示すしかない」という大谷のコメントを知って、栗山監督は怒っていたというわけだ。

「だから、そうやって何も言わなかったことを正当化できるのは去年、結果的に何もなかったからでしょ。実際、去年だってすべてが順風満帆だったわけじゃない。あの投げ方じゃ壊れるってことを翔平も意識してくれないと……20歳だから勘違いしてくれていいんだけど、これだけ騒がれると、ちゃんと言ってくれる人は少なくなってくるからね。

少なくともオレはそういうことをちゃんと言わなきゃと思ってるよ」

仰ぎ見る山の頂きは同じでも、選ぶルートは同じではない。勘違いしてもいいと栗山監督は口にしたが、実際の大谷に浮ついたところはなく、野球に対してまっすぐ向き合っていることにも疑いの余地はない。キャンプ中も休みに練習することを「休日返上」と表現されていたが、そんな意識は欠片もない。「遊びですから。バッティングセンターに行ってるようなものですよ」とニヤッと笑う。

ただ、一日一日、野球に対する自信が積み重なっていく中で、余裕を見せてしまうこともあれば、違う方向に突っ走ってしまう危惧もある。栗山監督がメディアを通じて怒ってみせたり、危機感を煽ろうとするのは、ときに暴れ馬と化すサラブレッドの手綱を緩めるわけにはいかないからだ。

大谷がこのまま20歳の開幕投手に収まるのか。それとも栗山監督が何らかの理由でブレーキをかけるのか——調整を「音合わせ」と表現できる底知れぬ20歳と、知略に長けたしたたかな指揮官のせめぎ合いは、すでに始まっている。

③長嶋茂雄を追いかけろ

２０１５年も栗山英樹は手紙を認《したた》めた。

宛名は、大谷翔平。

ファイターズの指揮官は開幕投手に大役を伝える際、想いを込めて手紙を渡すことにしている。就任1年目の斎藤佑樹から始まって、武田勝、吉川光夫、そして今年の大谷——2月10日、休日の午後の、誰からも急《せ》かされることのない時間帯を選んで、栗山監督は机に向かった。何度も何度も書き直す。熱い想いを書き連ねるうち、手紙はどんどん長くなった。結局、書き上げるのに2時間半もかかったのだという。

一方、受け取る側の大谷はそんなこととはつゆ知らず、栗山監督が伝えると決めた当日は朝から一つ上の上沢直之と取材を受けていた。それが終わると同時に大谷は、マネージャーから「監督が呼んでいる」と声を掛けられた。最初はまた何か怒られるのではないかと訝《いぶか》しげだったのだという。しかしそこで上沢が「開幕投手じゃないの」と声を掛けると、大谷は襟を正すでもなく無表情のまま、監督の部屋をノックした。

そして開幕投手を告げられ、手紙を受け取った大谷はこうコメントした。

「一年ずつの積み重ねでやってきて、去年を終えたとき、今年は開幕投手をやりたいなと思いました。チームに勢いをつけられるか、すごく大事なところですし、自分としても感じるものがありました」

思えば栗山監督が手紙を書いた前日は、大谷が紅白戦で暴れ馬の如きピッチングを見せた日だった。つまり、栗山監督が「ふざけんな。調整のつもりなら、100年早い」とメディアを通じて叱咤した直後、手紙を書いたことになる。開幕投手についても「白紙だな」と口にしながら、じつはこの日のピッチングを見て、指揮官は大谷の開幕投手を心に決めていたのだ。それはいったいなぜだったのか。栗山監督はこう言っていた。

「あの『ふざけんな』っていうのは、翔平を使っててみんなにメッセージを伝えたかったというのもあった。翔平はそれをわかってると思うよ。要は、若い人には自分のほうを向いて欲しくないってこと。いつも向こう側を向いて、相手と対峙しなきゃいけない。バッターでもピッチャーでも、食うか食われるかって場になったら、命懸けで戦わないと意味がないからね。ただ、翔平の野球に対するひたむきさは、このキャンプでさらに加わっている。その手ごたえはつかんだよ。向きが自分のほうを向いているだけで、やり方は間違ってない。これなら大丈夫だって思えたし、身体も元気だったから、開幕を託すことを決めたんだ」

指揮官の迷いを断ち切った、ミスターの言葉

栗山監督は、もし大谷に開幕投手を託すのなら、それを2月20日に伝えようと決めていた。なぜなら、その日は〝ミスタープロ野球〟、長嶋茂雄さんの79歳の誕生日だったからだ。大谷がプロ1年目のシーズン、二刀流について「僕、野球界の先輩方に怒られてます」とぼやいた栗山監督は、長嶋さんからこう言われた。

「何を言ってるんですか。あんな選手、野球界には80年間、一人もいなかったじゃない」

ミスターのその言葉は、栗山監督からどうしても消せなかった微かな迷いを断ち切ってくれた。以来、栗山監督は大谷こそが長嶋茂雄の後継者になるべき存在だと信じて疑っていない。

「今年、翔平に何を課したかといえば、長嶋茂雄さんがやってきたことをこれからの彼が作っていかなきゃいけないということ。だから、開幕投手を伝えるのは絶対にその日しかないって思ったし、翔平の本当の意味でのスタートは今年（２０１５年）なので……」

大谷の本当のスタートは２０１５年――。

栗山監督のこの言葉は、ピッチャーとしてもバッターとしても、プロで花を開かせる

ための準備期間が２０１４年で終わったことを意味している。バッターとしては1年目に、ピッチャーとして2年目に、土台は作った。栗山監督の言葉を借りれば、どちらも２０１５年は「爆発しなくちゃいけない」シーズンなのだという。ピッチャーとして何勝しようとも、バッターとしてホームランを何本打とうとも、数字だけでは追いつくことはできない〝長嶋茂雄の轍〟を追うための二刀流――それが高卒3年目の20歳に課せられたハードルだとしても、栗山監督によれば「ちっとも高すぎないし、早すぎることもない」のだとか。では、早々に開幕投手を託されて、とかくピッチャーの大谷に注目が集まる中、バッターとしての大谷の現在位置はどのあたりなのだろう。

思い出すのは、2月19日の名護で目の当たりにした、度胆を抜かれる光景だ。

韓国のハンファ・イーグルスとの練習試合を終えた大谷が、バットを持ってグラウンドに出てきた。これがプロに入って初めての、いわゆる〝居残り特打〟だった。

現場の新聞記者が懸命に数えてくれた数字をそのまま拝借して申し訳ないが、この日の大谷は１４３回スイングして、柵越えは47本。ただし、その数字でさえ凄みを語り尽くせない、すさまじい特打だった。大げさでなく、彼の打球音はこう聞こえた。

グワアゴワガキン。

まるで、水島新司さんの野球漫画『ドカベン』の岩鬼正美である。栗山監督がこう言って、呆れていた。

「だから特打なんてやらせたくないんだよ（笑）。だって、ショーになっちゃうからね。

翔平、気持ちよくてしょうがないんだろ。そんなの、ダメダメ。あんなのやっちゃったら『やっぱりオレって凄いのかな』って思うでしょ。そんなこと、別に思う必要ない。もっと必死にやれってことだよ」

「僕にはホームランが必要ですね」

今シーズンもピッチャーに支障をきたさないことを前提に、DHとして週3試合程度の出場が見込まれているが、それではあまりにもったいない。大谷は目指す数字について、こんなふうに話していた。

「バッターは、試合を決める仕事。そのために打率はもっと上げなきゃいけないとは思いますけど、僕にはホームランが必要ですね。そこが増えれば必然的に打点も増えるし、チームの勝利に近づきますから……ホームランは、20本打ちたいです」

プロに入ってからブレのない動きを作りにかかっているピッチングと違い、バッティングの動きは野放し状態と言っていい。にもかかわらず、打球の飛び出しが高く、弧が大きい。打ち上げたと思う打球がどこまでも高く、遠くへ飛んでいく。ヘッドスピードが速いからだ。しかもスイングがインサイドアウトの軌道を描いているため、ボールの内側を叩くことができる。だから、センターから左への打球が多い。大谷が子どもの頃にプレーしていた岩手県の水沢リトルリーグで事務局長を務めていた浅利昭治さんがこんな話をしていたことがある。

「6年生のとき、県大会のホームランダービーに翔平が出たんです。各チームで4番を打つ中学1年の中で、翔平はダントツでした。みんな力むから、ラインドライブの打球になって、なかなかホームランが出ないんです。最高で15スイング中、3本の子がいたかな。でも翔平は11本、打ちました。フワッと振って、バットにボールを乗せる。軽々と運んでいるのに、打球は速いし、いい角度で上がるんです」

少年時代に岩手で打っていた弾道と、20歳になって名護で打っていた弾道が重なる。大谷のバッティングの原形は、少年時代にはできあがっていたのかもしれない。

プロ3年目、大谷は開幕投手を務め、開幕2カード目では5番を打つ。もはや二刀流は定着したと言っていい。やはり彼は、長嶋茂雄のように、野球の神様に何かを授かって生まれたのだろうか――。

④「今年の組み合わせ、見つかりました」

彼はリュックを背負ってやってくる。

その昔、中にはいつもグローブとおにぎりが入っていた。

球場にやってくる大谷翔平を見ていると、ふとそんな彼の少年時代が重なる。いつも飄々《ひょうひょう》とグラウンドへやってきて、嬉々として好きな野球をやっている。子どもの頃は大事な試合だからといって、いちいちピリピリしたりはしなかったろうし、今の大谷もそこは変わらない。

あの日もそうだった。

開幕戦の朝、大谷は特別な緊張を感じることなく、札幌ドームへやってきた。練習中もいつも通り、練習が終わってもリラックスして、軽口を叩いていた。

「今日の登場曲、何でしたっけ」

広報担当の畑中久司が答える。

「今日は、始球式をお願いしているドリカム（DREAMS COME TRUE）の曲がかかるはずだけど……」

大谷はピッチャーのとき、札幌ドームでかかる登場曲を自分で決めていない。バッターのときと違う集中をしてしまうせいか、どうせ耳に入ってこないからと他人任せにしていたのだ。だからこの日も、畑中はドリカムの曲の中からすでにチョイスを済ませていた。ところがその登場曲を、突然、大谷に訊かれた。そして彼は畑中に向かって、ニヤッと笑ってこう言った。

「曲、変えちゃおうかな（笑）」

そのときに大谷が醸し出した雰囲気に畑中は驚かされたのだという。

「たいしたもんですよ。まったく緊張を感じさせないし、だからといって無理にリラックスしてるふうでもない。本当にいつもの大谷なんです。結局、登場曲はそのままでいいと言ってくれましたけどね（苦笑）」

〝わたしらしくあるために〟……そんなフレーズが印象的なドリカムの『決戦は金曜日』。透き通った声の吉田美和が歌う登場曲とともに、決戦の金曜日、大谷は２０１５年3月27日、開幕戦のマウンドに上った。

出足が早く、試合開始の時点で満員の観客が札幌ドームのスタンドを埋め尽くす。そんな光景を目の当たりにして、試合前の練習まではあんなにリラックスしていた大谷にも、さすがに緊張が走ったらしい。

「朝も平気だったし、このままいけるのかなと思ってましたけど、お客さんがたくさん入っているのを見て、やっぱり自分でも緊張しているのかなと思いました。いつも以上に汗もかいていたし、これだけ入ってもらえばファンの方々の期待も感じます。情けないピッチングは見せられないなというプレッシャーはあったかもしれません」

20歳で務めた開幕投手。

立ち上がりから大谷のボールが暴れたのにはいくつかの理由があったのだが、たとえばイーグルスの則本昂大のピッチングも大谷を力ませる理由の一つだった。球数少なく、テンポよく、楽にアウトとゼロを積み重ねていく敵のエースが見せたピッチングに、大谷は「こっちも点をやっちゃダメだと、気持ちが後手に回った」のだという。そのせいもあって大谷は2回、2つのフォアボールと犠打野選でノーアウト満塁のピンチを背負ってしまう。

ここをいかに凌ぐか。

どう修正し、どう切り抜けるか。

プロ3年目、開幕投手を託された大谷の真価が問われる場面でもあった。

オープン戦での炎上は想定内

ここで、話を5日前に戻す。

2015年3月22日、神宮球場。登板予定のない大谷は試合前、外野で上沢直之を相手に30分以上、キャッチボールを続けていた。短い距離を投げたかと思えば、遠投をして、シャドウピッチングを繰り返す。じつはこのときの大谷は、彼が言うところの「音合わせ」の作業の真っ最中だったのである。

その前日、東京ドームで行なわれたジャイアンツとの最後のオープン戦で、3回無失点と、ようやくそれなりの結果を出した大谷。しかしこの登板が、発熱の影響から1日ずれ込んだせいで、開幕までの間隔は中5日になってしまった。しかもオープン戦で、大谷は2試合続けて炎上。大谷自身、「投げ心地が良くない、球がバラバラ」とコメントしていたが、この時点での結果は、じつは彼にとっては想定内だった。なぜなら大谷はまだ、このとき、音合わせを始めていなかったからだ。

このオフも大谷は、ウエイトトレーニングをガンガンやって身体をなお大きく、さらに排気量を上げようと目論んできた。ワインドアップを取り入れたのは、ムダな動きの少ないコンパクトなフォームを身につけるプロセスの途中で、身体の使い方までが小さくならないよう、大きく使うことを忘れないための工夫だった。つまり、大谷にとってのオフからキャンプというのは、一つ一つの音を強める時期であり、この音が強くなることで全体がどうなるのか、他とのバランスがどう変わるのかということを確かめたのが、炎上したオープン戦だったというわけだ。大谷が言う。

「鎌ケ谷で投げたときは、まだまだ底上げの時期で、ガンガン、ウエイトもやってましたからね。あの頃が『まだ、もうちょっと行けるな』と思ってやっていた最終段階でした。その後だったかな。自分の中で『もう、そろそろかなぁ』という気分になったので（笑）、音合わせに入ったんです。そこは、体重が何kgになったらとか、これができたからとか、そういうきっかけじゃない。あくまで気分です」

「音合わせ」とは何か

身体を大きくして、パーツごとのブラッシュアップも済めば、大谷は音合わせに入る。では具体的には、何をするのだろう。

「そこはピッチングじゃないんです。まずはキャッチボールから始めますね。その身体の状態だと、投げるときにどういう動きが出るのか。それがいい動きだったとしても、今までとは違う動きをしている分、必ず違和感が出てくるんです。カタチがよくても感覚の中で投げづらいなということもよくありますし、そこを、これは現状よりも上にいくためのステップだと我慢して、修正していくという感じです」

神宮球場でのキャッチボールは、大谷にとっては「音合わせの一環」だったということになる。行きつく先にあるのは、再現性の高いシンプルなフォームである。

「ムダなく、ロスなく、なるべく余分な動きを省いて、最少の動きで投げたいなと思っています。自分の感覚の中で、『これは必要ないな』という邪魔な動きを使ってタイミングを取っていた部分があったんですけど、そこを省きたい。そうすると、力が伝わらないとか、ワンテンポ遅れてしまう部分が出てきてしまうので、今度はそのための違うリズムのポイントを探さなくちゃならない。それが音合わせの作業です」

たとえば、速い球を投げるために見た目にわかる反動をつけるのは簡単だ。しかしそれがフォームのブレとなってしまっては、コントロールが定まらなくなる。だから身体を大きくして排気量を増し、力を伝える使い方を身につけることで、反動をつけなくとも速い球を投げられるようにする。

「神宮では、今の自分にどれが合ってるのかなというところを探りながら、いろんな投げ方を試してました。上半身だけを意識したり、下半身だけだったり、それぞれをどういうふうに組み合わせればいいのかなと、あれこれ考えながら投げてました」

緊張しないとおもしろくない

常に考え、何かを探している。そのために彼は練習せずにはいられないのだ。毎日、リュックの中にグローブとおにぎりを入れて練習していた頃と何も変わらない。だから野球の神様は、大谷を贔屓《ひいき》する。

「今年の組み合わせ、見つかりました。この間、風邪で寝込んでるときです（笑）。練習できなかったんで、去年の自分の投げ方の動画を見ていたんです。そうしたら、ふと閃きました。今年には今年のよさがあって、去年のほうがいいと思う部分もある。だったら、去年と今年を組み合わせちゃえば、もっとよくなると思ったんです（笑）」

素直な発想ではあるが、そこに行きつくのは容易ではない。今年のよりどころを見つけたからこそ、大谷は開幕戦のマウンドに自信を持って立てた。自信があるから、いつも通りの大谷でいられる。そして、開幕戦ならではの独特の雰囲気を感じて緊張するのもまた、大谷に嗅覚があるからだ。

「緊張するからこそ、勝ったときにおもしろいのかなって……勝てる勝負に勝っても嬉しくないですし、どっちが勝つかわからない、むしろ負けるかもしれないくらいの勝負のほうが、勝ったときの嬉しさは大きいのかなと思うんです。だから、緊張しないとおもしろくないかなって思います」

開幕戦――2回に背負ったノーアウト満塁のピンチを、大谷は犠牲フライだけの1点で凌いだ。3回からは攻め方を変える。早いカウントでは細かいコントロールを気にせず、アバウトに投げ込んだストレートでゴロやファウルを打たせた。追い込んでからはフォークで三振を奪うなど、リズムよく投げる。すると5回、味方が敵失などで3点を奪い、逆転。6回には「両足がつりそうな感じ」（大谷）になってマウンドを下りたものの、それもご愛嬌。勝利投手の権利をリリーフ陣が守り通して、大谷は開幕戦の白星を手にしたのである。

試合後、勝利のハイタッチの列に並んだ栗山英樹監督は、大谷に握手を求めつつ、こんな言葉をかけていた。

「翔平、赤ちゃんじゃないんだからさ、足つってんじゃねーよ（笑）」

⑤ふくらはぎが、教えてくれること

ドンッ。

ファイターズの試合前の練習中、どこからともなく、鈍い音が鳴り響く。

ドンッ、ドンッ。

何かと思えば、センターのフェンスに向かって大谷翔平がカベ当てを繰り返している。カベまでの距離は3mほどだろうか。登板予定がなく、野手としても試合に出ない日、大谷はカベ当てをする。見守っていた黒木知宏ピッチングコーチが言う。

「ざっくり言えば、立ち方、重心、バランスを確認する作業です。カベに向かって投げれば、自分とだけ向き合えるでしょ。ボールの軌道が見えたり、バッターがいて打ち返されたり、キャッチャーが捕ってナイスボールだったとか……そういうことが一切、気にならない。ムダなものをすべて排除して、研ぎ澄ませた感覚の中で自分のフォームとだけ向き合っているんです」

大谷は野球に対してどこまでも貪欲だ。いつも閃きを求めて練習している。そしてそのメニューの一つ一つに意味がある。大谷がこんな話をしていた。

「たったの何日かで技術的に大きく変わることはないよってよく言われるんですけど、僕は変わると思っているので……ある一定のところまで達していて、そこを破れないということはあるかもしれませんけど、もしその手前まで来ているのにあきらめてしまったら、成長はできないのかなと思います。もし何かのきっかけでそこを破れたら、もっと成長できると思いますし、その過程の中での毎日の積み重ねも、きっかけを見つけようとする作業も、どちらも必要です。だって、いつ来るかわかりませんからね、それが……」

プロ3年目のブレイクポイント

ピッチャーとしての〝それ〟は、大谷のリトルリーグ最終年にやってきた。中学1年のとき、県内で無敗を誇った水沢リトルは東北大会を勝ち抜き、全国大会への出場を決めた。その試合で、大谷は覚醒したのである。6イニング制で、18個のアウトのうち、なんと17個を三振で奪った。打たれたヒットは1本、フォアボールはゼロ。大谷が三振を取るたびに球場は静まりかえったのだという。監督としてベンチにいた大谷の父、徹さんは、息子の才能をこんなところに感じていた。

「翔平は、教えたことがすぐできるようになりました。その早さにはいつも感心させられましたよ。教えてもらったことを練習したからと言って、すぐに身につくものじゃないのに、こうやって投げなさいと教えると、すぐにできるようになる。あれを野球センスって言うんですかね」

しかしながら、高校時代の大谷はピッチャーとして不完全燃焼に終わった。ケガに泣かされたからだ。身長が１９０cmを超えてもまだ成長し続けていたため、骨の成長に筋肉が追いつかず、股関節の軟骨が傷つく骨端線損傷に悩まされた。大谷は高２の夏から半年、ほとんど投げることができなかった。３年の春にはセンバツで投げたものの、甲子園では勝てず、夏も岩手県大会の準決勝で１６０㎞のストレートを投げながら、甲子園には届かなかった。大谷がこう話していたことがある。

「ピッチャーとしては、高校時代にやり残したことがあまりにも多かった。このままピッチャーをやめるのは心残りのところもあったんです。だから、ピッチャーをやり切ってみたかった。不完全燃焼のままでは終わりたくなかったんです」

二刀流と言っても、プロ入り後、大谷はその時間のほとんどをピッチャーとして過ごしてきた。ケガで投げられなかった高校時代、ひたすらバットを振っていたこともあって、バッターとしての彼はすでにいくつものブレイクポイントを経験して、そのたびに成長曲線を押し上げている。つまりプロに入ってきた時点で、バッターとしての大谷は完成度の高い即戦力だった。

一方のピッチャーに関しては、花巻東の佐々木洋監督が将来を見据えて無理をさせなかったこともあり、高校時代は畑を耕し、水をやる時期だった。それでも160㎞を投げたのだからそのポテンシャルは底知れないのだが、プロ3年目の今、大谷はようやくいくつものブレイクポイントを体感している。これが大谷の言う、いつ来るかわからない〝それ〟に当たる。

大谷翔平が天才と言われる所以

たとえば、あの日も〝それ〟はやってきた。右足のふくらはぎが攣《つ》って、5回で降板した2015年4月26日の札幌ドーム、バファローズ戦。大谷は立ち上がりから、質の高いストレートを立て続けに投げ込んだ。

まっすぐ狙いで初球を振りに来たトップの西野真弘からは151㎞で空振りを奪い、やはりまっすぐに絞って初球を狙ってきた2番の安達了一は、149㎞をファウル。3番の糸井嘉男に対しては、3ボール1ストライクのバッティングカウントから投じた154㎞のストレートを詰まらせて、ショートゴロに打ち取った。大谷はこのとき、ある感覚に包まれていた。

「力も抜けてましたし、スピードということじゃなく、まっすぐもよくなった。狙ってきてもファウルを取れましたし、インコースのまっすぐではバットも折った。変化球の精度も高くなって、フォアボールを気にすることなく、純粋に相手と勝負できている感じがすごくいいなと思いました」

この日の大谷のピッチングを、栗山英樹監督もこんなふうに評価していた。

「今日は今まで一番、バランスがよかったんじゃないかな。ムダな動きもないし、自分をコントロールできていた。ああやって、力感なく球が行くほうが絶対にバッターは詰まる。ガッと投げるんじゃなく、フワッと力まないで投げているのに同じスピードのボールが来るんだから、相手バッターはしんどかったと思うよ」

開幕から先発した5試合、すべてに白星がついて、5連勝。4月を終えて防御率0・80。プロとしてこれだけの結果を残しながら、それでも2014年に3度あった右足のふくらはぎが攣るというアクシデントを、2015年も2度起こしているというのは、ピッチャーとしての大谷がまだ〝幼い〟からに他ならない。「心配かける子だなぁ」と苦笑いを浮かべた栗山監督は、こうも言った。

「成長するためには、自分の身体を思い通り使えるようにする。そのためには身体が強くなくちゃいけない。こういう練習がしたいと思ったとき、たくさん練習ができる筋力がないと、やりたいこともできないからね。そういう身体さえあれば、翔平は絶対にうまくなる。こういうふうに投げたい、こういうフォームにしなきゃいけないと思ったらそれを何回も繰り返せる子なんだよ。そこが翔平が天才だと言われる所以でしょ」

右足が攣るのを防ぐために水分補給をマメにして、ミネラルやビタミンＢ１を取り入れた食生活に改めた。下肢のトレーニングも深層筋を意識して取り組んでいる。それでも2014年から再三、右足が攣るのは、関節の可動域が広く、しなやかな筋力が生み出す桁違いの馬力に、肉体がついていけていないからだ。これは幼児から大人になるための通過儀礼だとも言える。その対策についてどう考えているのかを訊くと、大谷はキッとこちらを見据えてこう言った。

「やることはやってますし、それで攣ったらそのときに対処すればいい。展開によっては大事を取って代わりましたけど、それでも行かなきゃいけないときは、ストレッチすれば行けるときもあるので、そこは気持ち次第かなと思います」

自信、余裕、風格――。ピッチャーとしては〝幼児〟のはずなのに、大人揃いのプロを制圧する。カベ当てに熱中する野球少年のＩＱがじつはとんでもなく高いのだから、それも当然の結果なのかもしれない。

⑥エースとしての「権利と義務」

花巻東高校では、打ったバッターがファーストベースをまっすぐ駆け抜け、そのまま全力疾走をやめない。佐々木洋監督に「外野まで走れ」と教えられているからだ。高校に入ったばかりの大谷翔平は、「そこまでする意味があるのかな」と思っていた。

「全力疾走することでエラーを誘うとか、何かが生まれる可能性があることはわかりましたけど、当時、監督は『権利と義務』の話をしていたんです。正直、よくわからなかったんですけど、今になって、そういうことか、とわかるようになりました」

権利と義務——この言葉が大谷の口を衝いて出たのは、開幕直前、こんな質問を投げ掛けたときのことだ。

「一番好きな言葉は、と言われたら今は何が浮かびますか」

するると、大谷はこう言った。

「今ですか……僕には座右の銘というのはないんで一番と言われると困るんですけど、

ただ、好きな言葉ならいっぱいあります。権利と義務とか……」

いきなりカタい言葉が出てきて驚いた。思えば、プロに入る前の大谷に訊いたとき、彼は「先入観は可能を不可能にする」という言葉を挙げた。高校時代、160㎞なんて投げられるはずがないと決めつけることなく練習に取り組んだ結果、3年の夏に目標を成し遂げた。プロでは、誰もが無理だと決めつけた二刀流に挑戦しようとしていた。そんなときに大谷が口にしたその言葉は重たく響いた。また2014年のオフ、彼は「楽しいことより正しいこと」という言葉を選んだ。遊びたい盛りだというのに、クリスマスに練習をした理由がこの言葉にあったことを明かし、その日、閃いたことがあったんです、と嬉しそうに話していた。

花巻東の佐々木監督が部員たちに教えている『権利と義務』とは、試合に出ている選手はすべての部員を代表しているという価値観から派生している。スタンドで応援しているのは、ベンチに入れなかった部員たちだ。そしてベンチにも試合に出られない選手がいる。100人を超える部員の中で、甲子園ならベンチに入れるのは18人、試合に出るのは9人。グラウンドに立たなければ、選手は全力疾走することさえできない。大谷がこう続ける。

「バッターが打ってボールがグラウンドに転がったとき、初めてバッターに一塁まで全力で走る権利が生まれる。ウチ（花巻東）は部員も多いですし、ベンチから外れる選手もいるので、そのとき、走ることのできない人に対して全力でプレーする義務は、こうして目に見える形で果たさないと伝わらないと（佐々木）監督にはよく言われました。今になると、プロ野球選手としてもそこは大事なのかなと思います」

やることはやってます、と大谷はよく口にする。『やることをやっている』という言葉は、マイナスなことをやってしまう自分に対して言い訳のように使うことが多い。しかし大谷の言葉に言い訳の意味合いはない。24時間、野球にマイナスなことはしないという意識が染みついているからだ。栗山英樹監督が大谷のことを「自分の生活パターンの中に野球が自然と組み込まれてるから、ボールを投げたりバットを振るのは歩くのと一緒」だと話していたことがあるが、それほどの意識で野球と向き合っているからこそ、プロになって〝権利と義務〟の意味が理解できたのかもしれない。

「練習でも試合でも、普段の生活も、見られているんだという意識を持って、プロ野球選手としてやらなきゃいけないことをやる。だからこそ、自分にしかできないプレーをする権利が出てくると思うんです」

開幕投手を任されれば、その場を与えられたものとして、それに相応しいピッチングをしなければならない。開幕直前、好きな言葉を問われて権利と義務に思いを馳せるのだから恐れ入る。大谷はこうも言った。

「そういう考え方はどの場面でも使えます。必ずしも野球だけに役立つというわけではないですし、自分が『今日はやりたくないな』と思う日であっても、何かそういう言葉が一個、ポンとあるだけで違ってきます。『自分がやらなきゃな』って思えたり、『こういう環境があってこそできるんだから』と思える。そう考えれば、どんな場面でも正しく振る舞えるのかなと思います」

大谷翔平のエース観とは？

２０１５年５月14日のライオンズ戦では、土壇場で完封を逃したものの、大谷は９回を１点に抑える堂々のピッチングで６勝目をマーク。チームの連敗を４で止めた。もはや誰が見ても、ファイターズのエースは大谷だという存在感を示したのだ。しかし試合後の栗山監督は、「優勝させたらエース、オレは最後まで認めない」と頑なな反応に終始していた。では、大谷自身のエース観は、どんな言葉で綴られるのか、訊いてみた。するとと大谷はこう言った。

「高校野球だと背番号1をつければエースですっていう、わかりやすいところがありますけど、プロ野球ではそうじゃない。何をもってエースなのかと言われれば、自分ではなく、チームメイトやファンが決めるものなのかなと思います。誰もが『今日はこの人が先発なら勝てるだろう』って安心感を持って見てくれる存在がエースなんじゃないかな。球が一番速いとか、この変化球が凄いとか、コントロールが抜群だとか、そういうことではなくて、この人が投げたら勝てると思われながらマウンドに送り出してもらえる人がエースだと思います」

2015年5月22日、札幌ドーム。

大谷はチーム新記録となる開幕からの7戦7勝を懸けて、首位の座を争うホークスとの一戦に先発した。

6回までをわずか1安打に抑えてゲームを完全に支配していた大谷だったが、7回に突如、集中打を浴びる。3－0とリードした7回表、ツーアウト一塁から明石健志を歩かせ、福田秀平に浮いたフォークをレフト前に転がされて満塁のピンチを背負った。ここで代打の吉村裕基に、これまた低めを狙った152㎞のストレートが浮いて、センター前へ2点タイムリーを打たれる。さらに今宮健太を歩かせ、ふたたび満塁。中村晃の打席でワイルドピッチを献上し、とうとう同点に追いつかれてしまった。

大きく息をつく栗山監督。それでも指揮官は座ったまま、動かない。この試合は預けたとでも言いたげなベンチでの振る舞いは、まさにエースに対する信頼感の表れ、そのものだった。

大谷はその直後、中村晃に勝ち越しタイムリーを打たれて、計5失点。逆転されて、マウンドを下りた。それでもファイターズは8回裏、中田翔が同点2ランを放って大谷の黒星を消す。さらに9回裏には西川遥輝がサヨナラのツーベースを放って逆転勝ち。歓喜の輪には、心の底から喜べていない大谷の姿があった。

「僕は申し訳ないなという気持ちでベンチにいたので、勝ってくれてよかったとは思いますけど……ホッとはしないですね。6回まではほぼ完璧の内容でしたし、自分の中でも手応えを感じながら投げていました。7回もツーアウトから粘られて、根負けしてしまったという感じなので、そこをあと一つしっかり取れる技術がなかったのかなと……自分に対する悔しさと腹立たしさがすごくあります」

試合後の栗山監督は「開幕からチームを支える大変さをアイツも感じていると思う」と言いながら、やはり『エース』という言葉を使わない。ならばこうして打たれて、チームが勝っても悔しがる姿を見て、エースらしさを感じることはないのかと指揮官にぶつけてみた。すると栗山監督は言った。

「むしろ逆かな。翔平もウチのチームも、もちろん自分も成長しなければならない要素がいっぱいある。完全無欠になることはあり得ないし、今日の試合はまだ必死になってガムシャラにやらなくちゃいけないというメッセージだったような気がするね」

大谷がマウンドを下りてからの姿を、栗山監督は「(打たれた大谷が) 死ぬほど怒っているのがわかるから、一切見てない」と笑って誤魔化した。しかしチームが勝っても「ホッとしなかった」気持ちは、エースの自覚がもたらしたものだと十分、わかっているはずだ。そして、自分が打たれてチームが勝ったことをそう受け止めることができたのは、大谷が〝エース〟として、〝権利と義務〟という言葉を心に染み込ませていたからに他ならない。

⑦「投も打も、すべては自分次第」

まったく、底が知れない。

２０１５年6月24日の旭川で、マリーンズを相手に今シーズン２度目の完封勝利を成し遂げた大谷翔平のことだ。チームは5連敗を喫していた。そして大谷自身、マリーンズにはプロ入り以来、一度も勝っていない。しかし、地方球場での登板ではまだ負けたことがないだけでなく、点を与えたことすらなかった。栗山英樹監督がその理由について、おもしろい見方を披露していた。

「みんな、地方球場だとコンディションが違うんじゃないかとか余計なことを考えちゃうんだけど、翔平だけはこれが当たり前だと思ってやってる気がする。だって高校野球じゃ、こういう球場がメインスタジアムでしょ。翔平だって3年前までは高校生だったんだから、アイツがその頃の気持ちを失ってないってことなんじゃないかな」

とはいえ、何度も連敗ストッパーを託され、連敗中の〝打〟の責任まで負わされているのはまだ20歳の大谷なのだ。3連敗を喫したホークスとの首位攻防戦で、5番を打っていた大谷は12打数1安打、7三振と不振に喘《あえ》いだ。そういう苦境の中、大谷はマリーンズに初めて勝って、チームの連敗を止めた。これで今シーズン、連敗中の登板は4戦4勝。プロ入り以来の地方球場での登板も5戦4勝として、連続無失点を31回まで伸ばした。試合後、大谷はこう言った。

「(チームが)連敗中のときのほうが勝ててるんで、僕的にはいい雰囲気で行けたかなと……屋外球場はイレギュラーも多いですし、なるべく三振でアウトカウントを取りたいなと思ってました」

この日、大谷が奪った三振は11個。3回から5回にかけての5者連続の三振は、左バッターの岡田幸文、角中勝也からはフォークで、右バッターのアルフレド・デスパイネ、ルイス・クルーズ、井口資仁からはスライダーで奪った。

圧巻は4回だ。中田翔の3ランホームランなどで4点を奪った直後のイニング。先頭の角中には、キャッチャーの大野奨太の出すサインに首を振って、三球勝負のフォークで三振を奪いに行く。その後のデスパイネ、クルーズからも三振を奪うたびに、大谷はグラブを派手に叩いた。まだゲームの中盤だというのに、ここまでハッキリと感情を表に出す大谷を初めて見た。

「4点を取ってもらって、流れ的にワンサイドになるか、ならないかの局面だと思ったので、あそこは三振を狙いに行きました。そこで意図的に三振が取れたのはすごくよかった。今日は最初からスライダーが軸になってくるかなと思っていましたが、そのスライダーを右バッターが振ってくれたので……（グラブを叩く仕草は自然に出た？）そうですね、自然に出ました」

それにしても、底知れないと唸らされたのは、この試合のスライダーだ。これまではキレもあって曲がりが大きく、暴れがちなスライダーを制御しきれなかったのに、この日、試合で投げてみてこれまでになかった手応えをつかむのだから、20歳のピッチャーとは思えない。大谷はその感覚をこう説明した。

「今日は曲がりも大きかったですし、右バッターの後ろらへん（背中）くらいから狙ったら、自分の中で計算した通りにコントロールできました。スライダーは今シーズンで一番……いや、今までで一番よかったかなと思います」

長いイニングを投げぬき、勝つための「出力調整」ピッチング

大谷翔平、プロ3年目のシーズン。

6月を終えた時点で9勝1敗、防御率1・47、奪三振は99個と、抜群の数字が残る。最近では松坂大輔、ダルビッシュ有、田中将大の3人が、揃って高卒3年目のシーズンに15勝をマークしているのだが、大谷がその域に達し、越えていく可能性は低くない。ピッチャーとしての現在位置を、大谷は今、どう捉えているのだろう。

「確かにここまでは勝ててますけど、だからといって毎回、マウンドで初回からすごくいいイメージで投げられているわけではないんです。むしろ、今が一番調子がいいとは思っていないし、最初は悪かった。そんな中でも勝てていたのがよかったというだけで……100％を出し切って抑えてる感じじゃなくて、60、70％しか出ないのに抑えられてる。そういう試合が多いことが、うまくいってるところかなと思います」

力投型のピッチャーにとって、力を抜くというワザを使いこなすのは容易なことではない。力を抜こうとすると、緩んでしまうからだ。脱力に必要なのはメリハリであって、軸がぶれないだけの筋力が備わっていないとうまく力を抜くことができない。大谷がスッとセットして、あれこれ考えずにテンポよく投げられるのは、力を入れるところと抜くところを身体が覚えているからだ。大谷はすでにそんなワザを意識しながら投げているというのである。

「去年までは初回から飛ばすだけ飛ばしていこうという試合が多かったですし、それが正解かなと思っていました。でも今年はこの回、この打順、このバッターならどのくらいの力の配分でいけるのかなというところを試しながら投げています。50％で勝負したらピンチになっちゃうところを、65％でいったほうがいいのかなとか、ここは45％でもリスクなく抑え切れるかなとか、ギリギリのところを考えているんです。そこで点を取られても、そのあとに切り替えて1点もやらないよう、100％でゼロ、ゼロ、ゼロに抑えていけば、打線が逆転してくれる。そういうパターンが今シーズンは多いので、それでいいのかなと思って……もちろん、ベストは1点もやらないことですけど、同時になるべく長いイニングを投げなきゃならないし、それで勝たなきゃいけない。そこを考えると、ムダな力はいらないんだな、と思います」

　だからなのか、今シーズン（2015年6月終了時）の大谷が2本以上のヒットを打たれている7人のバッターのうち、クリーンアップを打っているのはライオンズの3番、浅村栄斗とイーグルスの3番、銀次の2人だけ。2番を打っていたタイガースの柴田講平や、9番に入っているベイスターズの飛雄馬、バファローズの伊藤光など、伏兵に打たれてチャンスの糸口を与えてしまっている。

「そうですね……そこが失敗してるところなんですけど、それで学べればいいのかなとも思ってます。やっぱり、常に自分が狙ったパーセンテージ、それが80％なら80％でこういうボールを投げたいと思い描いたイメージ通りに投げられるのがベストですからね。逆にずっと100％で投げたり、80％を持続するのはそんなに難しくないんですけど、それを1球ごとに、場面ごとに50％にしたり80％にしたり、ときには100％にしたり……バッターや球種、配球によって変えるのが難しい。70％に下げるつもりが65％に下がってしまったり、その上げ下げはすごく難しいと思います」

　6月6日に行なわれた甲子園でのタイガース戦では、その柴田のヒットから1点を失い、それが決勝点となって今シーズン、唯一の黒星を喫してしまった。1失点での負けはピッチャーの責任ではないとはいえ、思えばもったいない負けではあった。

もったいなかったといえば、この試合での大谷のバッティングもそうだ。甲子園での試合は交流戦でDHがなく、ピッチャーの大谷は7番に入っていた。しかし大谷はランディ・メッセンジャーを相手に3度、バッターボックスに入って、3度とも三振を喫してしまう。とりわけ1点を失った直後の5回には、ノーアウト一、二塁のチャンスで、低めのボールゾーンに沈んでいくカーブに手を出してしまい、空振り三振。失った1点を自らのバットで取り返せば、これぞ〝二刀流〟の本懐を遂げられただけに、結果が欲しい場面だった。

「ピッチャーは自分主導だけど、バッターは受け身の難しさがある」

今シーズンの大谷は、ピッチャーとして叩き出す数字に比べて、バッターとしての数字があまりに厳しい。打率は1割台で、三振も多い。栗山監督も「普通に考えれば1割バッターは使えないとなって、二刀流は終わってしまう」と危機感を募らせる。大谷のバッティングには今、何が起こっているのか。そこについて彼はこう語った。

「自分が捉えたと思ってもファウルになってしまったり、自分がイメージしている動きと実際の動きの間にギャップがあるんです。こういうふうにスイングして、こういうふうに飛ばしたいというイメージに身体が追いついていかない。だから後手に回ってしまう感じがあります。打席の中で、『もっと、こうなのにな』と思ってるところがもう負けなのかな、と……たとえば甘い球が1球来て、それを仕留められなければ、今の僕は『ああ、今の球、チャンスだった』と思っちゃうんです。いいときだったら、次へ次へと、どんどん切り替えていけるのに、そう思えない。そういう精神的な部分が原因なのかな」

結果が出ないことで一打席、一球ごとに積み重なるプレッシャーがある分、高めのまっすぐに釣られ、低めのボールゾーンに来る変化球にも手を出してしまう。変化球が頭にあるからまっすぐに遅れ、まっすぐが頭にあるから緩い球に泳がされる。まさに悪循環だ。大谷はさらにこう続けた。

「ピッチャーは自分主導ですけど、バッターには、悪くなってくると、ピッチャーがもっといいコースに投げてきたり、ボール気味の球をストライクとコールされておかしくなってしまったりという、受け身の難しさがあります。それを言い訳にする自分がいたり、そういうところが今のダメなところなのかなと……だからこそ、今はこれをどう消化して、どんな引き出しを増やせるかということが大事になってきます」

大谷には高校2年の頃、ケガでマウンドに立てない時期があった。そのときにクリーンアップの一角を任されたことで、バッターとして飛躍的な成長を遂げた。それを彼が「バッターとして、自分で思っていたよりももっと上の自分がいた」と表現したことがある。ドラフトのとき、野手であれほど高い評価を受けたのは、バッティングに関しては高校の時点でプロのレベルにまで上り詰めていたからだ。実際、プロに入ってからも、大谷にはバッティングのカベにぶつかった記憶がない。

「そうですね……4三振なんて、今までに一度もなかったですし（2015年6月19日のホークス戦）、カベというのはなかったかな。だって、どれもピッチャーより技量が劣っての三振じゃないし、自分では打てると思ってる球に当たらないというのは、単純に自分の調子が落ちてるのかなと受け止めています。調子が落ちているだけなら上がる余地はあるわけで、自分がそのレベルに追いつけないというわけでもないので、自分の頑張り次第なのかなとは思ってます」

栗山監督は、「今の翔平のバッティングには粘りがないし、ガムシャラにボールに喰らいつこうとする感じがなくなっている」と言って、こう付け加えた。

「確かに翔平はもっと飛ばせるし、もっといい打球が打てる。でも、だからこそひたむきにいくのが、カッコいいんでしょ。カッコよさの価値観を勘違いしていると思うんだよね。タク（中島卓也）みたいに、ファウル、ファウルで粘ろうと思えば、翔平ならできるでしょ。でも、やらない。ピッチャーの翔平が『タクさんみたいなバッターとは対戦したくない』って言うんだから、自分もケースによってはそういうバッティングをやればいいんだ。いつの間にか、いい打球を目指すようになって、点で打とうとしてる。だから三振するにしても、簡単に三振するでしょ。オレに言わせれば、あれだけの器の大きさがありながら野球をひたむきに、ガムシャラにやることこそが大谷翔平の凄さなんだから、もっと喰らいついていかなきゃダメなんだよ」

大谷にも、そういう意識はある。彼は自分の引き出しに必要なものとして「積極性、余計なボール球に手を出さない、左方向への打球を打つ」ことを挙げていた。しかし、今はそれを実践できないでいる。

「こういうふうに打ちたいなという動きの部分や、こういう状態で打席に入りたいなというアプローチの部分を、今は毎試合、変えています。その中で、これはダメだ、これもダメだなということの連続なので、ダメなものをやめていくうちに、選択肢の幅も狭くなっていくのかな、と（苦笑）。でもまだ、これだというものは見つかっていません。自分は力で持っていくタイプじゃないと思ってるので、柔らかさで勝負して、柔らかさで飛距離を出すバッターを目指すというところは崩すべきじゃないと思っています」

誰を、ではなく、自分で課題を消化するのが野球のおもしろさ

20歳にしてこれだけ自分を冷静に見つめていることにも、改めて底知れなさを感じさせられる。頑固で、自らのスタイルを崩さず、相手よりも自分次第だと断言できる自信が備わっているからこそ、好調も不調も自分の言葉で語ることができるのだろう。それは頼もしいことであると同時に、自らを孤高に押し上げてしまうというリスクもある。なぜなら野球は、自分が完璧でなくとも相手に勝つことができるスポーツだからだ。アイツに勝ちたい、コイツを倒したいという想いが今の大谷から感じられないのは、寂し

くもあり、切なくもある。

「誰を、ということじゃなく、自分の中で課題を消化するのが野球のおもしろさなのかなと思います。今の相手と今後10年、20年、ずっと対戦していくのなら、このバッターを倒すために必死になるとか、このピッチャーを打ち崩そうとか思うのかもしれませんが、メンツも時代も変わりますし、若い世代が入ってくれば対戦相手もどんどん変わる。だから、思い通りに投げられなかったボールで抑えたことをオッケーにしちゃったら、成長するチャンスを失うことになるし、もったいないじゃないですか」

今の大谷には、ベストピッチを打たれた記憶もなければ、これは打てないと思わされたボールに出会うこともない。それを寂しいと思うには、大谷はまだ若すぎるのか。

「手も足も出ないというボールは、今はもうないし、打たれたら、そんなのベストピッチじゃないと思ってるところもありますからね（笑）。でも、刺激はありますよ。野球に限らず、同世代にすごいなと思う選手はいますから……競泳の萩野（公介）君も、フィギュアスケートの羽生（結弦）君も世界を相手にしてますし、やってるレベルが違います。羽生君とも同い年なんですよ。だからいっつも言ってるんです、僕、羽生君世代なんですって（笑）」

⑧ 脱力、笑顔、オートマ仕様

これほどの笑顔は予想外だった。

２０１５年7月17日、東京ドームで行なわれたオールスターゲームの第1戦。１回表、バッターボックスにはパ・リーグの３番を打つ森友哉がいた。そのとき、大谷翔平はすでに三塁側のベンチ前に姿を現し、キャッチボールを始めていた。そのときの大谷は、やけに楽しそうに笑っていた。森の登場曲、『夢がＭＯＲＩＭＯＲＩ』《森口博子》が場内に流れたときも思わず吹き出していたし、キャッチボールの間もずっと笑っている。

「いや、タクさんとキャッチボール、あそこですることないんで、笑ってました。とくに意味はないです（笑）」

このとき、大谷の相手を務めていたのは、チームメイトの中島卓也だった。通常、イニング間のキャッチボールはキャッチャーと行なうのだが、内野手の中島が、ミットではなく内野用のグローブでつきあってくれていたのだ。手加減しなければならなかったからか、あるいは慣れない役割に戸惑う先輩の姿が微笑ましかったからなのか、とにかく大谷はずっとニコニコしていた。

そんな雰囲気だから、マウンドに上がっても彼から一切の力みは感じられない。初球、ローギアから発進した大谷は梶谷隆幸に146kmのストレートを投じる。拍子抜けしたかのような梶谷はタイミングを合わせられず、突っ込み気味にかろうじてバットに当てた。続く2球目、大谷はギアをセカンドに上げる。152kmのストレートに、今度は梶谷が振り遅れてのファウル。2球で追い込んだ大谷がキャッチャー、嶋基宏のサインを覗き込んだ。

ここで大谷が首を振る。

果たして、キャッチャーの出した変化球のサインを拒んでまっすぐを投げたかったのか、あるいはその逆だったのか。答えはほどなく出た。梶谷は大谷の投じたワンバウンドのフォークに手を出し、空振りの3球三振を喫したのだ。

ストレートではなく、フォーク——このとき、笑顔の理由がわかった気がした。2015年の大谷は力が抜けている。2014年のオールスターで、大谷はシーズン中にも乗ったことのないマニュアルミッションのスポーツカーを運転するかのようなピッチングを披露した。160km台のストレートを立て続けに投げ、マックスは162kmを叩き出す。しかしアクセルを踏み込んだ瞬間、一気に加速するスポーツカーの如き負荷に大谷の身体が耐え切れず、フォームのバランスが崩れた。2014年、後半戦に入ってすぐ乱調をきたしてしまったのは、それが原因だった。

だから２０１５年はシーズン中と同じ、排気量の大きい、パワフルなエンジンを搭載したオートマチックのクルマでオールスターにやってきたのだ。ローからセカンド、トップへのギアチェンジがスムーズなのも、そのおかげだ。力を抜いたストレートをちりばめながら、ここというところで決めにくる。追い込めば、フォークやスライダーを駆使してバットを振らせ、早めの勝負を仕掛けることも可能だ。そうしてスムーズにギアを上げていき、トップに入ればとんでもないスピードも出せる。それでもスポーツカーのような目一杯の感じはなく、ゆったりとしたピッチングに見える。

162㎞と89㎞——球速差73㎞の魅力

1回は3人で抑えたものの、2回、左バッターの筒香嘉智に１５３㎞のストレートをレフトへ弾き返され、これがツーベースヒットとなった。さらに、１５５㎞のストレートを右バッターのホセ・ロペスにセンターの右へ運ばれる。ベイスターズの主軸が揃って見せた逆方向へのバッティングで、大谷は1点を失った。試合後の大谷はこんなふうに話していた。

「（栗山英樹）監督から『ヘンなことしないで、普通にシーズン中と同じようにやってね』と言われていたので……ヘンな力みとかそういったものはなかったし、普通に臨めたのはよかったかなと思います。もっとフルスイングしてくるのかなと思ったんですけど、意外に軽打してきて、ちょっと打たれちゃいました（苦笑）」

確かに〝ヘンな〟力みは見られなかった。それでも、大谷ならではの遊び心は覗かせた。1回と2回に1球ずつ、超スローカーブを投げたのである。シーズン中にも投げたことがないという89㎞と94㎞の〝超遅球〟。練習もしたことがない、これから投げるつもりもないという球種を投げたのは、「嶋さんが粘ってサインを出していた」からだと説明していたが、昨年が〝最速〟なら今年は〝最遅〟でいこうという嶋の提案に、大谷がおもしろがって乗ったことに違いはない。昨年の162㎞に対して、今年は何㎞をイメージしてあのスローカーブを投げたのかと訊くと、「僕が狙ったというより、嶋さんが狙ったんで……」とはぐらかされてしまったが、その球速差はじつに73㎞。この数字もまた、今の大谷だけが醸し出せる、誰も気づかない魅力の一つだった。この日の大谷の結果について、栗山監督はこう言っていた。

「オレ的には2イニングをピシャリと抑えるよりも、ものすごく願ったこと。ああ、幸せ（笑）。こういうお祭りでみんながスピードを期待しているのはわかるけど、そういう中でバランスを崩してグチャグチャになるのが怖かったからね。何をしなきゃいけないかという意識が今年は全然、違っていた。そこが少し大人になったってことなのかな。置かれている立場を自覚していたもん……アイツ、『後半戦は今日から始まってる』って言ってたんだって？　まぁ、その割には打たれてたけどね（笑）」

力配分を考えた〝10㎞減〟のストレート

大人のピッチングと言われて思い出すのは、オールスターの1週間前、7月10日の札幌ドームでのライオンズ戦だ。この日、大谷は両リーグ一番乗りとなる10勝目を挙げている。相手の岸孝之が7回までファイターズ打線をノーヒットに抑える中、大谷もまたガマンのピッチングを続けていた。

「3回くらい、心が折れそうになりましたけど（笑）、声援でなんとか踏ん張れました。意図していない球も多かったですし、まっすぐもそんなによくなかった。スライダーも全然、入らなかったし、フォークがちょこっとよかったかな、という感じでしたね」

そんな中でも、大谷は岸に引きずられることなく、自分を見失わない。だからこそ1－0のスコアで大事な一戦を勝ち切ることができた。何よりも驚かされたのは0－0の7回表、先頭の6番、脇谷亮太に対するピッチングだった。2球目、大谷が投げたストレートは、147㎞。外を狙ったボールが内側に入ってきたとはいえ、低めのまっすぐを脇谷が捉える。あわやという大飛球は、フェンス際でライトの岡大海のグラブに収まった。明らかに、長いイニングを投げるための力配分を考えた〝10㎞減〟のストレートだ。こんな緊迫した場面で、力を抜けるその勇気には恐れ入った。

「脇谷さんのライトフライは危なかったですけど、ギリギリを攻めながらじゃないと長い回は投げられない。それでヒットになるか、ならないかというのはすごく大きな違いですけど、ギリギリ、あの打球までのところで力配分しながら行くというのは、去年（2014年）とは違うところかなと思います」

フルスロットルでオールスターまでに9勝をマークした2014年と、エコの走りで10勝に到達した2015年を比べて、大谷は「その1個の違いは去年との大きな違い」だと言った。前半戦で身につけた脱力、オールスターで振りまいた笑顔、そして後半戦へのしたたかな計算——2014年の反省をすべてプラスに転じて、オートマ仕様のピッチャー大谷は、さらなる加速を目論んでいる。

⑨「出たい想い」と「出さない理由」

２０１５年８月に入ってすぐ、大谷翔平のローテーションがずらされた。オールスター明け、７月24日のライオンズ戦に登板した後、中６日のローテーション通りなら、大谷はちょうど１週間後のマリーンズ戦に先発するはずだった。しかし、栗山英樹監督は、あえて中10日をあけた８月４日のホークス戦に大谷を持ってきた。これは指揮官の、今シーズン２度目の勝負手だった。

「オールスター前のホークス戦（７月15日、帯広）で翔平をブルペン待機させたのが最初のカード。このカードは結局、使う機会がなかったけど、８月に続いた６連戦の頭に翔平を持ってこようとしたのが２枚目のカードだった。そこまでは翔平にケガをさせないよう、いろんなことを考えてきたんだけど、あのホークス戦（８月４日、福岡）は、勝負どころだったんだ」

中10日で８月４日、福岡でのホークス戦に大谷を先発させる――首位のホークスと２

位のファイターズのゲーム差は、この時点で8・5。これほどの大差をつけられていても、ここで3連勝すれば5・5差となって、僅かでも逆転優勝へのチャンスが生まれる。崖っぷちのチームに勢いをつけるのはここを大谷で勝つしかないと、栗山監督は最初で最後のカードを切った。

しかしこの試合、大谷は勝てなかった。

7回表まで2－2の試合は、その裏、ホークスが一挙に5点を奪って、ファイターズに引導を渡す。中村晃にバントシフトの逆を突かれるバスターを決められ、今宮健太、髙田知季にタイムリーを浴びて、大谷は撃沈。自己ワーストタイとなる7失点のノックアウト劇で、ホークスの背中は完全に見えなくなった。

試合後、大谷は悔しさを押し殺すことができず、こう言った。

「あの回だけ、しっかりいければよかった。チョコンと当てられて、いいところに飛んでいったというのもあったので……」

綺麗なヒットでなくとも、喰らいついて得点をもぎ取るホークスは、だから強いのだ。結局、ファイターズはこの福岡での3連戦、3タテを喰らい、ゲーム差は11・5まで開いてホークスにマジックが点灯。ここでパ・リーグのペナントレースは事実上、終わったに等しい状況となった。

KOされた夜、大谷が送った1通のメールに込められた想い

しかし、だからと言ってファイターズの今シーズンが終わったわけではない。まだ、昨年のホークスを崖っぷちまで追い詰めたCSがある。どれだけ離されても優勝をあきらめることなく、大谷に関する2枚のカードを夏場に切った栗山監督だったが、そこには秋を見据えたしたたかな計算があった。

話は5月に遡る。

ホークスとファイターズがゲーム差なしで並んで迎えた5月22日、札幌での直接対決。球団史上初となる『開幕からの7戦7勝』を目指して、大谷がマウンドに上がる。ここまで6戦6勝、防御率0・86と、完璧な内容の大谷ではあったが、開幕からずっとローテーションを守ってきたわけではない。右ふくらはぎが攣《つ》ったせいで、中17日をあけて先発したこともあった。それでも中7日で先発したこの日、序盤から飛ばした大谷は、ホークス打線を6回まで1安打に抑える。しかし7回だけで4本のヒットを集中され、5失点でノックアウト。7戦7勝の球団記録は達成できなかった。

それでもこの試合、ファイターズはしぶとく追いつき、最後はサヨナラで勝って、首位に立った。チームは勝ったものの「悔しさと腹立たしさがある、勝ってくれてよかったとは思うけど……ホッとはしない」という大谷がそこにいた。

だから大谷は、居ても立ってもいられなくなったのだろう。試合が終わって程なく、彼は携帯から1通のメールを送った。相手は、試合を終えて帰路につく車中の栗山監督。メールの内容は、明日の試合にはバッターとして出られる状態にある、というものだった。つまり、大谷は監督に翌日の出場を直訴したのである。いかにも、負けん気の強い大谷らしい行動だ。

実際、投げた次の日でもバッターとして試合に出られるという感覚があるんじゃないかと大谷に訊ねたのは、6月下旬のこと。そのとき、彼はこう言っていた。

「僕は出られると思いますけど、今の状態で出すか出さないかというのは、僕のところの話ではないので……ただ、身体的には問題ないかなと思います」

登板翌日は試合で使わないという鉄則を貫く

もっと試合に出たい——。

その3日前、大谷は仙台でのイーグルス戦でホームランを放っていた。外のスライダーに泳がされながらも、芯で捉えた今シーズンの3号は、バックスクリーンに飛び込む特大の一発。思うに任せなかったバッティングの調子がようやく上向いてきたこと、首位決戦で悔しいピッチングをしてしまったこと、さらには身体的に問題はないというもどかしさとが相まって、大谷は素直な想いを監督に伝えたくなったのだろう。

となると、栗山監督は眠れなくなる。

考えに考えた挙げ句、ようやく答えに辿り着くのだが、じつは考えなくても答えは最初から決まっている。栗山監督が登板翌日の大谷をバッターとして使うわけがない。何しろ昨年のCSでも、その意思が揺らぐことはなかったのだ。大谷が勝って持ち込んだファイナルステージ、ホークスとの最終決戦。勝ったほうが日本シリーズの切符を手にできる第6戦で、栗山監督のもとには登板翌日の大谷をDHで使うべきだ、せめて代打の切り札としてベンチに置くべきではないかという数えきれないほどの声が届けられた。それでも指揮官は、登板翌日は試合で使わないという鉄則を貫き、大谷をベンチから外した。誰よりも勝ちたいはずの監督が頑なに守り続けているのが、大谷を潰すわけにはいかないという信念なのである。栗山監督がこんな話をしていたことがあった。

「今の翔平は、バッターとして週に4試合は出られると思っているかもしれない。でも、そのくらいできると思ってくれて、やっと1、2試合に出せる。出られると思うのって8割以上の感覚のときなんだよね。でもこれが、しんどいな、疲れたなと思ったら、感覚はもう1、2割にまでドーンと落ち込んでしまっているんだ。だから本人がもっとできるというところで線引きしてきたわけで、もっと試合に出たいと翔平が思うのは当然なんだよ。疲れを自覚したときでは、もう遅い。そうなったら登板にも影響するし、ケガもしかねなくなる。そこが二刀流の難しいところなんだよね」

8月、6連戦の頭を任せて以来、大谷は尻上がりに調子を上げてきた。8月18日、千葉でのマリーンズ戦で完封、8月26日のライオンズ戦では花巻東の先輩、菊池雄星と投げ合って、初回、いきなり161㎞を叩き出した。この試合も8回をゼロに抑えて13勝目を挙げた大谷について、ファイターズの中垣征一郎トレーニングコーチは「この2試合は体力と技術がカチッと噛みあった状態」だと讃え、栗山監督も「初回にアクセルを踏んだとき、バランスを崩さずに投げ切れていた。スピードを出そうとするのではなく、自然にスピードが出たというのがよかった」と褒めている。

そして大谷は、ライオンズに勝った直後のお立ち台で、「明日も勝てるように頑張りたい」と笑顔で言ってのけ、おいおい、明日もバッターとして試合に出るつもりなのか（笑）と突っ込みたくなるようなコメントを発して、帰路に就いた。今の大谷がエネルギーに満ち溢れているのは、指揮官がこっそり水を与えてきたからで、見据えているのは当然、ホークスとのCSだ。秋になっても力があり余り、もっと試合に出たいとウズウズしている大谷翔平は、ホークスにとって、ポストシーズン最大の脅威となる。目指すはあくまで日本一――ここまでの栗山監督に、一切のブレはない。

⑩「日本一の景色を見てみたい」

イチローは大谷翔平について、2015年の3月、こんなふうに話していた。

「バッターをやればいいのに……すごいピッチャーはいくらでも出てきます。でも、あんなバッターはなかなか出てこない」

この言葉を大谷がどう感じたのか、興味があった。大谷クラスのピッチャーはメジャーにはいくらでもいると言われてしまったことへの悔しさと、大谷ほどのバッターはメジャーにもなかなかいないと言ってもらえたことへの嬉しさと、どっちが勝っていたのか――大谷にそのことを訊くと、彼は照れ臭そうに笑ってこう言った。

「こんなバッターいないって言われたことのほうが、そりゃ、嬉しいですよ（笑）。でも、小さいときからずば抜けて成績を残してきたわけではないですし、最初からこの技術や身体があったわけではない。これから先、どれだけ伸びるかなということのほうがすごく大事かなと思います」

バッターとして褒められたことを無邪気に喜んでみせたかと思えば、すぐさま、今の自分はもはやイチローが知っているピッチャーではないと尖ってみせる。実際、プロ3年目の大谷は、ピッチャーとして想像を超える右肩上がりの成長曲線を描いた。今シーズン、松坂大輔、ダルビッシュ有、田中将大の3人が揃って高卒3年目でクリアした15勝をマーク、同時にこの3人でも高卒3年目までには獲れなかった防御率のタイトルにも手をかけた。大谷自身はその進化をどう考えているのだろうか。

「でも、とくに変わったことはないんですよ。継続して取り組んできたことが身について、全体的なレベルが底上げされたということなのか……確かに投げていて去年と違うなと思うことはありますけど、じゃあ、何が違うのかと訊かれると、自分でもこれというものが思い当たらない。2年目は伸びたなと思うし、3年目も同じくらい伸びてるとは思うんですけど、それを自分で感じられないというか、大きく違っているのに自分の中に変わった感じがないんです」

2014年のピッチングと2015年の80%を比べる

こういうことができるようになった、ここがこんなふうに変わったというのはわかりやすい成長である。しかし雪の上を転がして大きくする雪だるまのようにまんべんなく成長すると、どこが変わったのかがわかりにくい。3年目の大谷の成長もそんな感じなのではないか。彼はこうも言った。

「去年の6月、甲子園での阪神戦は、投げ心地がすごくよかったんです。その感覚は自分の中に残ってますけど、でも、それも去年のレベルの中での話。あのときのピッチングを今年の80％のときと比べたらどうなのかというのは、また別の話です（笑）」

じつはこの言葉、「ストレート、スライダー、フォークの３つの球種をすべて自在に操れた試合は今までにあったか」と問いかけたときの大谷の答えである。昨年の甲子園がそうだったと彼は言うのだが、しかし、今年の自分があのくらいのピッチングで満足できるかどうかはわからないと、サラッと言ってのけるのだから自信の程が窺える。

実際、ストレートもスライダーもフォークも、昨年とは別次元のレベルにあることは疑う余地がない。６月24日の旭川でマリーンズを完封した大谷が「今までで一番よかった」と言ったスライダーは、低めに投げてタテに落とせば空振りになり、横に曲げればコーナーいっぱいに決まって見逃しの三振になった。８月18日、千葉でマリーンズを完封したときには１４０㎞を超えるフォークが冴え、12個の三振のうち、８個をフォークで奪った。まっすぐの軌道からバッターの手元で急激に落ちる高速フォークは、まさに〝消える魔球〟。そんなフォークをストライクの高さからボールゾーンに正確に落とされたら、バットに当てられるはずがない。

そして、ストレート――ホークスのリーグ優勝が決まった直後の９月19日、大谷はあるテーマを持って、ライオンズとの試合に臨んだ。それは〝インコースへのストレート〟だった。大谷はこう明かす。

ホークス封じの秘策は「まだ見せていないゾーン」

「インコースへはラインが引きにくい。だから正確に投げるのが難しいし、甘くなりがちなので、プロ1、2年目は、キャッチャーが右バッターのインコースに構えたというのは、たぶん2球しかなかったと思います。ただ、これまでは右バッターのインコースへはリスクを負ってまで投げる必要はなかったんですけど、短期決戦はそうじゃない。万が一が許されない場面でも、インコースのまっすぐが必要になるケースがありますし、スレスレのところへ行って相手に意識させなきゃいけないボールなので、そういうときに投げられるような練習は試合の中で必要なのかなと思いました」

ライオンズの主軸、中村剛也、エルネスト・メヒア、浅村栄斗の右バッター3人に対し、この日、キャッチャーの大野奨太はたびたび身体を内側へ寄せた。中村に3度、メヒアに5度、浅村にも3度……大谷はインコースへ構える大野に向かって、11球、ストレートを投げ込んだ。正確にミットを撃ち抜いたのは、そのうちの3球。ミットからはズレたもののインコースへいったのは5球、逆球になったのが3球。6回の中村に投じた初球、懐を抉《えぐ》るストレートは、見送った中村が思わず天を仰いだほどだったが、9回の中村に投げた2球目は大野が構えたところとは逆のアウトコースに入ってしまい、センターへ痛烈な当たりを飛ばされた（結果はセンターフライ）。そんなハイリスク、ハイリターンのボールを操ろうとしているのは、もちろんCSで戦うであろうホークスを見据えてのことだ。

「ホークスの右バッターは、まっすぐやスライダーにしっかり踏み込んできて、逆方向に打とうとしながら、フォークが来たら引っ掛けて左方向へ打つ……そんなスタイルに見えます。ですからインコースへのストレートがあれば楽だとは思いますね」

これほどの進化を遂げたはずの今年の大谷だが、ホークスにだけはとことん打ち込まれている。15勝を挙げるまでの22試合、ホークス以外を相手に投げた18試合で1・40の防御率を誇る大谷が、ホークス戦の4試合に限ると、防御率は6・58。4月の熊本では7回をゼロに抑えたものの、5月、8月、9月の3試合はいずれも7回に失点を重ね、イニング途中でノックアウトを喰らった。なぜホークスにやられてしまうのか、大谷自身はこう分析する。

「手を抜いているわけじゃないんですけど、下位打線に向かうと勝手に身体が緩んで、ムダなフォアボールを出してしまう。意識して抜いているわけじゃなくて、バッターの雰囲気に何となく合わせてしまうんです。だから内川（聖一）さんや柳田（悠岐）さんにはしっかり行けるのに、いつものように下位に対して緩むと、ホークスの下位打線はレベルが高いので、やられてしまう。たとえば明石（健志）さんはホークスの中にいると目立ちませんけど、他の球団のレギュラーと変わらない実力の持ち主だと思いますし、今宮（健太）さんだって逆方向に長打も打てるし、インコースの捌《さば》きもいい。ここはアウトを取れるだろうという打順からでもしっかり打ってくるのがホークスなのに、組織の中に隠れている選手の本質をわからずに投げてしまったことが、やられた原因なのかなと思います」

今シーズン、大谷がホークスに投げた4試合を見直すと、28イニングのうち22イニングまではゼロに抑えているのに、失点した6イニングではしばしば連打を許し、すべて2点以上を奪われている。5点を奪われたイニングも2度あって、明石や今宮、髙田知季といった脇役にチョコンと当てられ、フォアボールを与え、ダメージを感じないまま、気づくと大量失点を喫しているという、同じパターンでやられているのだ。

「ですから、まずは自分のスタイルで、自分のベストのボールを、どのバッターにも投げられれば打たれないというふうに考えることが大事ですよね。相手の実力を知ったうえで、自分のことも理解しながら投げる。そうすればベストの自分が出てくるんじゃないかという期待はしています。右バッターのインコースはまだホークスには見せていないゾーンですし、きっちり投げられなくても甘くなるんじゃなくてボールゾーンに外れる感じにはなってきているので、そこに対する反応は楽しみですね」

CSを勝ち抜けば、頂は見えてくる。子どもの頃から、大谷は日本一になった経験が一度もない。だからこそ、てっぺんへの想いは、心の中に強く持ち続けてきた。

「日本一、なってみたいですねぇ。リトルシニアのときも全国大会には行きましたし、花巻（東）にしても岩手では強かったけど、全国では勝てなかった。ですから、日本一になってみたい。そこから見る景色ですか……見たことがないのでわかりませんけど、その景色を見に行くためにやってるわけですから、見てみたいとは思いますね」

「練習ではバットを振らないと決めています」

ファイターズが日本一に輝くためにCSでの大谷にできることは、先発する2試合で確実に勝つこと。それともう一つ、イチローが「なかなか出てこない」とまで評価したバッティングでチームに勝ちをもたらすことだって、できるはずだ。今シーズン、2割そこそこに低迷したままの打率、ホームランも昨年の半分にとどまっているバッティングについて、大谷はどうアプローチしてきたのか、訊いてみた。

「今年に関してはもう、練習ではバットを振らないと決めています。打てないから振るのかと言われたら、そうじゃないと僕は思うんです。ピッチャーとバッター、二つやるにはどうすればいいのかなと考えたとき、ただ単に練習を人の倍以上やるのかと言われたら、そういう話じゃない。調子が悪いからと3時間も4時間もバットを振って、ピッチャーのほうによくない影響が出たら、それも違うじゃないですか。ピッチャーをやりながらバッティングの調子も上げなくちゃいけないとなって、どうすれば調子を上げられるのか。練習量で解決するのか、考え方ひとつで状態が上がってくるものなのか。そこは試さなきゃいけないと思って、バットを振るのをやめたんです」

今シーズン、大谷は左ヒジを高く上げて構えてみた。打つときに上がってくる左ヒジを最初から高い位置に置いてムダを省こうという狙いだったのだが、タイミングの取り方を変えたことで差し込まれたり、バットが早く出て低めのボール球を振らされたりした。スタンスもスクエアとオープンを交互に試したり、試行錯誤を繰り返しながら、元に戻す勇気を振り絞った結果、ようやく手応えを感じ始めたのは後半戦になってからだ。

しかしその頃には、右ヒジを痛めてキャッチャーではなくDHで出場していた近藤健介が打ちまくっていた。大谷も8月以降は代打で14打数5安打、ホームラン2本と結果を残したものの、トータルではバッターとして厳しいシーズンになってしまった。それでも、CSでホークスを倒すカギは、勝ちを計算されているピッチングよりも、調子を取り戻したバッティングのほうじゃないかと大谷にぶつけてみたら、彼はバツが悪そうに苦笑いを浮かべた。

「主には代打だと思いますし、出ていくのは、僕が打てるか打てないかによって勝敗が決まる場面でしょうから、確かに流れを左右しますよね。後半は状態も上がってますし、今まで積み上げてきたものがありますから、それを信じて準備すれば……」

準備をすれば、バッターの大谷翔平は、ピッチャーの大谷翔平を打てますか。

「今ですか……今は、どんなピッチャーにも抑えられちゃうと思いますけど（苦笑）」

でも、イチローが「なかなか出てこない」とまで言ったバッターが、近藤とのＤＨ争いに負けていて、いいんですか。

「いや、ダメだと思いますね（笑）」

⑪ 初めてのつまずき

自分のボールを信じることができなかった。あれほど自在に操ったスライダーもフォークも、ストレートに対しても疑いを持ってしまい、信じ切ることができない。

２０１５年10月10日、札幌。

CSのファーストステージ、初戦。大谷翔平は、マリーンズを相手に3回途中までで5失点を喫し、まさかのノックアウトを喰らった。立ち上がりから変化球でカウントを取れず、ストレートをことごとく狙い打たれる。そのストレートにも手応えは感じられない。この日、大谷が打たれた6本のヒットは、すべてストレート。大谷は試合後、こう言っていた。

「これで行ける、というイメージを持てませんでした。自分自身、信じ切れずに投げ込むボールがすごく多かった。まっすぐもよくなかったんですけど、それでも行かなきゃいけないときはあります。だったらストライクが入る、入らないは別として、しっかりと腕を振ってそこに投げ込むことができていたか、できていなかったのか。シーズン中、いくら貯金を作ってきても、ここでいいピッチングができなかったらそれこそ意味がないので……ホントに申し訳ないマウンドだったと思います」

ピッチャーとしてのプロ３年目。

開幕前、栗山英樹監督が大谷に課したのは、同じファイターズの11番を背負っていたダルビッシュ有の３年目の数字だった。栗山監督はそのとき、こう言っていた。

「ダルビッシュがプロ３年目で初めて開幕投手を務めたとき、15勝して防御率も１点台。最多奪三振のタイトルを獲って、沢村賞に選ばれて、チームはリーグ優勝、ＭＶＰはダル……そう考えれば今年の翔平にそこまで期待しても、ちっとも早くない」

実際、３年目のダルビッシュと比較してみると、大谷は遜色のない数字を残している。ともに初めて開幕投手を務め、15勝５敗。ダルビッシュは最多勝も最高勝率も獲れなかったが、大谷はこの数字で両方のタイトルを手にした。奪三振はダルビッシュが２１０個、大谷は１９６個。防御率はダルビッシュが１・82、大谷は２・24ながら、防御率のタイトルを獲ったのは大谷だ。

ダルビッシュが明らかに上回っていたのは投球回数で、26試合に先発して２０７回２／３。１試合あたり、８回を投げていたことになる。一方の大谷は二刀流ということもあってダルビッシュよりも４試合少ない22試合に先発し、１６０回２／３。１試合あたりでいえば７回以上を投げているのだから先発ピッチャーとしては十分すぎる数字なのだが、このイニング数の少なさが沢村賞を逃す要因となってしまう。

しかもダルビッシュはこの年、リーグ優勝とともにMVPを獲得した。じつは、どの数字よりも栗山監督がこだわっていたのは、この2つだった。

「優勝しないとMVPもないから、優勝させろということは翔平には言っていた。でもCSでは、翔平にはまだやらなきゃいけないことがたくさんあるという野球の神様からのメッセージをもらったと思ってる。もしこのまま順調に進みなさいということだったら、あそこを簡単に勝たせてくれて、日本シリーズまで行けると思っていたんだけど、そんなに甘くはなかったね」

では栗山監督は、CSでの大谷に何が起こっていたと分析しているのだろうか。

「翔平は大事な試合になればなるほど、長所と短所がハッキリ出やすくなる。あの試合では変化球が使えなかったでしょ。まっすぐがよくなくても変化球でカウントが取れるときは何とかなるんだけど、変化球が操れなくなると、まっすぐだけでは厳しくなる。158㎞のまっすぐをアウトコースにピシャッと投げるコントロールがあれば打たれるはずないんだけどね。〝どんな身体の状態でも同じ動きができる〟というところがまだできていないんだと思うよ」

そしてその2日後、大谷の3年目のシーズンが終わった。ファイターズはファーストステージを勝ち抜くことができず、日本一への道が閉ざされてしまったのだ。大谷はバッターとして、1点ビハインドの8回裏、ワンアウト一、三塁のチャンスに代打で登場する。外野フライでも同点という場面で、内竜也の投じたワンバウンドの〝縦スラ〟を2度も空振りして、三振——大谷はこの打席をこう振り返った。

「今年は低めのああいう変化球の見極めができてなかったんですけど、最終戦でもそこが出てしまいました」

継続することの大事さと、選択することの難しさ

バッターとしての3年目、大谷は壁にぶつかった。7月7日の試合を最後にDHでの出場はなく、シーズンの結果は109打数22安打、ホームラン5本、17打点、打率2割2厘。すべての数字で2年目を大幅に下回ったのだ。大谷は3年目のバッティングについてこう話す。

「野球を始めてから、ずっと継続して蓄えてきた技術を無視して取り組んでみたシーズンでしたけど、改めて、積み上げてきたものを継続することの大事さとか、何を捨てて何に新しく取り組んでいくのかを選択することの難しさを感じました。やっぱり変えちゃいけない部分はあるし、自分のスタイルの軸になるものはある。試すのは必要な経験だったとは思いますけど、そこを変えてしまったのは反省点かなと……具体的に何なのかは言わないですけど（笑）」

そう言った大谷だが、見てわかるだけでも、春先からフォームやスイングの軌道など、

さまざまなことに取り組んでいた。より強い打球を、より遠くへ——しかし、そこに落とし穴があったと栗山監督は言う。

「6月末に翔平を呼んで、『こういう打ち方をしてくれ』と話したことがあった。それは『三塁方向にものすごくでかいファウルを打て』ということ。今年の翔平はインコースを攻められるようになって、それを捉えるとものすごい打球が打てるもんだから、ポイントが前へ行き出していた。でも、そうじゃない。翔平のよさはボールを身体の中まで入れて、詰まりながらでも左方向へ打てること。だったら左方向へファウルを打とうと意識することでスイングの軌道が変わらないかなと思ったんだけど……」

ポイントが前に出るから、低めに沈む変化球を見極められない。CSで大谷が内の投げたワンバウンドの変化球を振ってしまったのもその表れだ。栗山監督はCSファイナルステージでサヨナラヒットを放ったホークスの内川聖一と比較して言った。

「同じ状況で、同じ内の落ちるボールを内川はライト前へ打った。そこの違いが何なのかを翔平自身が考えなければならない。バッターのときにピッチャーの気持ちがわかるだろう、ということは二刀流のプラスアルファだったはずだし、翔平なら両方できるというオレの中での信頼は揺らいでないよ。とくにバッターのほうへの信頼はものすごく高い。もともと持っているいい形を意識するだけでいいんだ。インコースを引っ張って、でっかいホームランを、という欲が芽生えて、翔平が勝手に崩れているだけの話なんだから……」

ピッチャーの大谷が際立ち、バッターの大谷の存在感が薄くなったことで『二刀流は失敗じゃないか』という声もある。しかし、栗山監督が7月以降、大谷を代打で起用し続けたのは、ある意図があった。

「我慢することを覚えさせたかった。自分のやりたいことがすべてできると思うな、結果を残せ、努力しろって言いたかったんだ。これは二刀流の最初のつまずきだったのかもしれない。でも、何も終わってないよ。最低限のラインには乗っている。むしろここから始めなければ……もう一回やるよ、ホントの二刀流。来年はＤＨで週に〝３試合半〟は出てくれないとね」

大谷が入団したとき、栗山監督が口にした〝ファイターズ大学〟、２０１６年はその最終学年になる。1年目に身体を作り、2年目にバッターとして、3年目にはピッチャーとしてムチを入れてきた。その土台を礎に、4年目の大谷は二刀流として花を開かせなければならない。彼には、誰も歩いていない道を歩む責任があるのだから――。

⑫運命を変えた一戦
ＷＢＳＣプレミア12準決勝　韓国戦

大谷翔平は２０１５年のＷＢＳＣプレミア12で、韓国と２度にわたって対峙した。１度目は札幌ドームでの初戦。２度目は東京ドームで行なわれた準決勝。その２度の韓国戦——彼にとっての〝色〟は違っていたのだろうか。

「シーズン中から、『プレミア12の初戦は札幌ドームだよ』『相手は韓国だから』と言われ続けて、『わかってるな』って釘を刺されていたので（笑）、そこに向けて準備をしてきました。でも、初戦の先発を実際に言われたときは、さすがに緊張感が湧き起こってきましたね。札幌、初戦、日韓戦と揃って、僕の中ではこれより緊張するマウンドはないと思っていたんですけど……」

１度目の韓国戦は２０１５年11月８日、札幌ドーム。

大谷は初回から１６１㎞のストレートを投げ、三振を奪うたびに雄叫びをあげて、韓国に得点を許さない。結局、李大浩《イデホ》、朴炳鎬《パクビョンホ》から、２０１６年からメジャーリーグでプレーするスラッガーが並んだ韓国打線を相手に10個の三振を奪って、6回を無失点に抑えた。大谷はこう言っていた。

「シーズン終盤の大事な試合やCSという、勝たなきゃいけない試合で勝ち切れなかった。だからこそ、あの韓国戦ではそこを破りたい、勝ち切っていきたいなという想いがありました」

札幌、初戦、日韓戦と、3つのプレッシャーをはねのけて、大谷は完璧なピッチングを披露。日本に1次ラウンドでの1勝目をもたらした。しかし、この勝利だけでは大谷はまだ勝ち切ったことにはならない――そう考えていたのが、ファイターズの栗山英樹監督だった。

「翔平はこれまで大事なところで勝ち切れなかった〝トラウマ〟を持っているから、あれだけピッチャーにこだわってるんだろうね。それは翔平が入団してきたときから感じてた。大一番にピッチャーとして結果を出せていないのは事実だったし、だからこそ初戦に勝っただけじゃ、勝ち切ったことにはならない。負けても次がある試合と負けちゃいけない試合はちょっと違うからね」

プレミア12では参加12カ国を6カ国ずつ、2つのグループに分けて1次ラウンドを行ない、各グループの上位4カ国が決勝トーナメントに進む。日本は5戦全勝で1次ラウンドを勝ち上がったが、2勝3敗で4位のメキシコも決勝トーナメントに進んで、日本と3位決定戦を戦っている。つまり1次ラウンドでの敗戦は、数字の上ではさほどダメージにはならないと、栗山監督が続ける。

「だから本当に大事な試合は、負けちゃいけない準決勝だった。そういう状況で翔平がどうなるのか。同じ相手でも初戦と準決勝の2試合は違った。大事な試合になればなるほど、長所と短所のどちらかが極端に出やすくなるんだよ。1度目は長所が出た。負けちゃいけない2度目でも同じように長所を出せるのか……そこが今回、翔平が越えなくちゃいけないところだったんだと思う」

ここ一番で勝ち切れない〝トラウマ〟――。

高校最後の夏は、岩手大会の決勝で敗れて甲子園出場を果たせなかった。プロに入ってからも、日本シリーズの舞台にはまだ立てていない。２０１５年は優勝したホークスにだけ分が悪く、ＣＳではマリーンズに打たれて、日本一の頂からの景色を確かめることはできなかった。

その理由を、大谷は考えた。ＣＳに負けてからの１カ月、１度目の韓国戦での登板を迎えるまでの間、彼は自問自答を続けた。

「なぜ勝てないんだろう、なぜ大事なときに限って結果を出せないんだろうって……甲子園もそうでしたけど、ここ一番の試合で勝ってきていないので、自分自身にイマイチ自信を持てていなかったんです。でも、プレミア12で結果を出せたら、自分の中で変わるところがあるのかなと思い直しました。負けて、そのままズルズルと、よくない流れでいくのか、それともここでひとつ、越えられるかで、僕はだいぶ違う。だったら必死になって取りにいこう、勝ち切ろうと、自分に言い聞かせました」

大谷の自信を取り戻し、勇気を与えた1本の映画

そして、大谷は1次ラウンドの韓国戦で勝った。しかし、本当に負けられない戦いは、まだ先にあった。

決勝トーナメントに進んだ日本は、プエルトリコとの準々決勝で前田健太を先発させた。順番から言えば大谷だったが、不慣れな台湾での試合を順応力の高い前田に任せ、東京ドームで戦う準決勝を大谷に託したほうが2人とも持ち味を発揮できるはずだという、侍ジャパン、小久保裕紀監督の決断。準決勝に登板することになった大谷は、思いもしない感覚に包まれたのだという。

「初戦を勝って、巡ってきた準決勝がまた韓国戦だったじゃないですか。2度目の韓国戦で、しかも負けたら終わりという状況になって、ああ、これは初戦よりも緊張するマウンドが来ちゃったな、これを乗り越えなきゃいけないんだろうなという気持ちになりましたね。そういう意味では、準決勝のほうがかなり緊張しました」

だから彼は準決勝の前夜、東京のホテルの一室で、その映画を観ることにした。じつは大谷は1度目の韓国戦の前夜にも、札幌で同じ映画を観ていた。映画が終わったあと、彼は「幸せな気持ちになった」のだと言った。だから決戦前夜も、その映画の世界に入

り込もうとしたのだ。不安を振り払い、自信を取り戻し、勇気を与えてもらうために――。

「あの映画、ストーリーがおもしろかったんですよ。『フェイシング・ザ・ジャイアント』ですよね。正直、アメリカンフットボールの技術的な話や作戦面は全然、わからないんですけど、あのときは、映画に自分の中で消化できるものがあったんです。いいタイミングで観られたので、すごくスッキリしました」

〝Facing the Giants（邦題『フェイシング・ザ・ジャイアント』）〟は、アメリカンフットボールを題材にした映画である。主人公のグラントは、ミッション系ハイスクールの弱小アメフト部、イーグルスを率いるヘッドコーチだ。グラントは必死でチームを鼓舞するが、選手たちは笛吹けど踊らず、連戦連敗。ついには格下だったはずの相手にも負け、校内にはグラント解任論が巻き起こる。そんなときグラントは、雨を心から欲し、神に祈った2人の農民の物語に出会う。

祈り続けた農民のうちの1人は、ただひたすら祈り続けただけ。もう1人は、祈りながらも、雨に備えて畑を用意した。あなたはどちらかと聞かれ、グラントは畑を用意すべく、チームの目的を見直し、コーチとして選手に求めるべきは何なのかを問い直した。

その答えは、力を出し尽くさせ、結果を神に委ねるということ。常に全力を尽くしているか、それは本当に全力か。そう自分に問いかけ、選手に問いかけたグラントは、チームを見事に生まれ変わらせた。

フットボールの戦術ではない、選手の技術でもない。選手たちの気持ちの持ちようだけで見事に変貌を遂げたイーグルスは、ついに州のチャンピオンを懸けて、強豪ジャイアンツと対戦する――。

「映画の中に出てくるフレーズが、自分に引っ掛かってきたんです。明日が来ないで欲しいという不安と、明日が早く来てくれないかな、早く投げたいなという期待が引っ張りあう感じで……すべてにおいていいことをして、いい準備をして、あとは任せましょうという映画のストーリーが、あのときの自分にすごく合っていた。気持ちの持ちようで、すべてがいい方向へ変わっていく。そういう映画を観て、幸せな気持ちになれたんです」

勝ち切ることができなかった自分に対しては自信を持てなかった大谷だったが、彼は、それとは違う自信を持っていた。それは、自分にできることはすべてやり尽くしてきたという、揺らぐことのない自信だ。

誰よりも野球に時間を費やしてきた。

楽しいことよりも正しいことを選んできた。

だから、野球の神様に結果を委ねる資格がある。

この映画のおかげで、大谷は気持ちの整理がついた。心に宿る不安と期待を、ちょうどいいバランスで保ちながら、彼は準決勝を迎えることができたのである。

コントロールはアバウトでも、気持ちで負けないボール

2度目の韓国戦は11月19日、東京ドーム。

初回のマウンドに立った大谷は、韓国のバッターのある変化を感じ取っていた。

「一球一球、空振りしないぞという意志と、狙い球を定めてくる姿勢を感じました。初戦で抑えたからいけるんじゃないかとか、同じような感じでいこうと思っていたらやられちゃうと思いましたね。だから自分がもう一つ上のものを出さないといけないのかなと思いました」

初回、大谷は1番の鄭根宇《チョングンウ》に149㎞のストレートを投じた。その初球、鄭はバットを振り切ってのサードゴロ。思えば初戦で1番に入っていた李容圭《イヨンギュ》は、大谷の初球、揺さぶりをかけるためにバントの構えを見せていた。そのときとは真逆の仕掛けに、大谷は敏感に反応する。

続くバッターはこの日、2番に入った李容圭。警戒レベルを上げた大谷は初球、153㎞のストレートを投げた。李もまた、思い切り振ってきて、空振り。さらにギアを上げた大谷は2球目、159㎞のストレートを繰り出した。この球にも李はバットを振ってきて、ファウル。そして、追い込んだ大谷の3球目は、早くも160㎞を叩き出した。これはストライクゾーンを外れたものの、5球目のストレートで李をサードゴロに打ち

取る。

3番は、大谷がもっとも警戒していた金賢洙《キムヒョンス》。大谷はその初球、またも160㎞のまっすぐをアウトローに決める。140㎞台のフォークを交えて金を追い込むと、最後は159㎞のストレートで空振り三振を奪った。

「全体的な攻め方は、1度目のときと大きくは変わりませんでした。嶋（基宏）さんは僕がいつも組んでいるキャッチャーではありませんし、僕のいいところ、悪いところを全部知っているわけでもないので、バッター目線で僕のイヤな球を考えれば、どうしてもまっすぐかフォークかという両極端な配球になります。その中でどうやって抑えようかなと思ったとき、単純な話ですけど、勝ちたい、抑えたいという気持ちの強いほうが勝てると思ったんです。初戦は負けても次がありましたし、お互いがよく知らないという状況で、どっちに転んでもおかしくなかった。ただ準決勝に関しては、韓国の必死さはまったく違っていました。一度は負けた相手と、負けたら終わりの日韓戦を戦うわけですから、初回から何とかしようという気持ちが自然と伝わってきます。国を代表するレベルの選手が必死になって自分を崩しにかかってきてるんですから、気持ちで負けちゃいけない。そこを改めて確認できたのはよかったかなと思います」

2回、大谷は4番の李大浩に、デッドボールをぶつけてしまう。それでもワンアウトを取ったあと、6番の閔炳憲《ミンビョンホン》のバットをへし折って、セカンドゴロのダブルプレー。結局はこの回も、次の3回も、大谷は3人で切り抜けた。さらに4回、3番の金賢洙に対して160㎞のストレートで空振り三振を奪うなど、準決勝の序盤、大谷のギアは明らかにトップに入っていた。

「あの日、僕は最初から空振りを取れるまっすぐを投げにいっていました。ファウル狙いではなく、空振りを取れるまっすぐを初球からどんどん投げ込んだんです。そうするとかなり疲れるんですけど(笑)、絶対に万が一が起きないよう、コントロールはアバウトでも、気持ちで負けないボールを投げようと思っていました」

しかし、準決勝を自宅のテレビで観戦していた栗山監督は、大谷のこの日のピッチングに、大谷とはまた違った意味での手応えを感じていた。

「気持ちじゃなくて、そこは技術なんだよ。思いっ切り力んで投げたとき、結果を出せるかどうかというのは本当の技術があるかないかで決まってくる。力んでいる状態で、どう自分をコントロールするか。力めるチカラが強ければ強いほど、自分を扱うのが難しくなる。力めちゃうから、強い球が投げられちゃうから、難しい。それをコントロールするために必要なのは技術でしょう。プロはそこを心に持っていってはいけない。そういう心を超えるだけの技術を身につけるのがプロならば、あの日の翔平には、その技術が備わっていたよね」

アウトローに、160㎞のストレートを決める。その形をベースに、フォームをしっかり固めることができれば、140㎞台後半のフォークもいいところへ落ちる。

4回裏、好投する大谷に応えるべく、日本の打線に火がついた。ワンアウト一、三塁から8番の平田良介が三遊間を破って、先制の1点をもぎ取る。さらに相手のミスと犠牲フライで2点を加えて、日本がこの回、一挙に3点を奪い、試合の主導権を握った。

試合中にバージョンアップを果たす

5回、嶋のリードが一変する。

これまでほとんど投げさせなかったスライダーを織り交ぜてきたのである。4番の李大浩はスライダーを見逃し、5番朴炳鎬はフォークを空振り、6番閔炳憲もスライダーを見逃して、いずれも三振。6回も3人で切り抜けた大谷は、ノーヒットピッチングを続けていた。大谷はここまでのピッチングについて、こう言った。

「スライダーというのは僕の球種の中ではヒットを打たれる確率が高い球種なので、嶋さんはなかなかサインを出せなかったんだと思います。でも、僕はスライダーを投げたかったし、結果的にはいいタイミングで使ってくれたと思います。そもそも僕のスライダーがもう少し嶋さんに信頼してもらえるような球種だったら、もっと早く出してもらえたんでしょうけど……（苦笑）」

ストレート、フォークにスライダーが加わって、試合中にバージョンアップを果たした大谷のピッチングに、韓国打線はなす術もない。7回、先頭の鄭根宇にセンター前へ初めてのヒットを打たれ、ノーヒットノーランは潰えたものの、2番の李容圭を158

km、3番の金賢洙を157kmのストレートで、いずれも空振り三振に斬って取った。そして最後は、4番の李大浩をサードゴロに打ち取り、一度も二塁を踏ませないまま、大谷はこの回限りでマウンドを下りた。7回を投げて被安打1、11個の三振を奪って無失点――圧巻の内容だった。

85球のピッチングの中で驚かされたことが2つある。

1つ目は7回、初ヒットを打たれたときの心持ちだ。

「ノーヒットは意識していませんでしたけど、わかっていました。だからいつかヒットを打たれたとき、こんなもんだろうと思えるだけの心の準備はしていましたね」

2つ目は、金賢洙への攻め方だ。初戦では変化球で2つの三振を奪い、準決勝ではすべてストレートで3打席連続の空振り三振に仕留めた。

「初戦ではまっすぐにどれだけついてくるのかを踏まえて、変化球にはどういう対応をしてくるのかを見たかったんです。実際、金賢洙選手には、僕が1球だけ投げたカーブもしっかり待たれてファウルを打たれましたが、あれは危なかった……でも、準決勝では万が一がないように、全力で抑えにいきました。とはいえ、いいバッターの反応を見るのは自分のバッティングの参考になりますから、どうしても興味を持っちゃうんですよね（笑）」

一日一日を、誰よりも大事に過ごしてきた自信

コップに水を一滴ずつ垂らすがごとく、大谷はひとつずつ、目標を叶えてきた。だから、できなかったことができるようになったとき、なぜできるようになったのかを訊かれても、彼はその理由を一つ挙げるようなことはしない。なぜなら、コップ一杯分を満たす何万の水滴と同じく、目標という名のコップを満たすために積み重ねてきた理由は何万もあるからだ。

そんな大谷が、野球人生の中で思うように満たすことができずにいた〝ここ一番で勝つ〟というコップの水は、準決勝の韓国戦でようやく満たされたのかもしれない。

「プロ1年目より2年目、2年目よりも3年目、今が一番、僕の中では自信がありますね。僕は今まで、結果を出すためにやり尽くしたと言える一日一日を、誰よりも大事に過ごしてきた自信を持ってますから……」

２０１６年、開幕から思うように勝てなかった大谷を支えたのは、アリゾナキャンプで出会ったパドレス伝説のクローザー、トレバー・ホフマンのこんな言葉だった。

「野球に勝ち負けはつきもの。試合に入るためにどうやって備えてきたのかが大事。その先で負けたのなら、自信を持ってやった結果だから、気にすることはない」

大谷はチームを限りなく勝利に近づけた。しかし日本は準決勝で韓国に逆転負けを喫

する。初回から「空振りを取れる」ストレートを投げ続けた結果、疲れを溜めた大谷は7回、ボールが高めに抜け始めていた。それが8回からの交代につながったとなれば、まだ課題はある。

「緊張する舞台で普段以上の力を発揮するのは、相当キツい。僕がよくてもチームが負けちゃ、まだまだです。やることがいっぱいあって、ヒマな時間はありませんよ」

21歳の野球〝翔〟年は、そう言って笑った——。

野球翔年
2016

165kmの衝撃

①「両方続ける気持ちに変わりはない」

誰もが忘れていることがある。

それは、そもそも大谷翔平は、ピッチャーよりも、バッターとしてのポテンシャルのほうが高く評価されていた、ということだ。２０１３年、大谷が花巻東高校からドラフト１位でプロに入ってきたとき、ファイターズの栗山英樹監督はこう言っていた。

「二刀流というのは、エースで４番なんだよね。我々の感覚ではバッティングは必ず４番になれるわけだから、あとはエースになれるだけのものをどうやって作っていくかということ。それをこっちも必死で考えていかないとね」

バッターなら必ず４番になれる。だから栗山監督はまず、ピッチャーの大谷をバッターの大谷に追いつかせようと、この３年、ムチを入れてきた。そして昨シーズン（２０１５年）、大谷は15勝５敗、防御率２・24で、ピッチャーの三冠に輝いた。となれば、大谷のピッチャーとしての能力は疑いようがなくなる。しかもバッターとしての大谷が

２０１５年、打率2割2厘、ホームラン5本、17打点と、その前のシーズンから軒並み数字を下げたものだから、二刀流株は暴落。バッターとしてはもういいだろう、という雰囲気になってしまっている。世の論客をこれほど右往左往させるのだから、それだけでもたいしたものではあるが、おそらく来年の今ごろには、大谷は二刀流でいくべきだ、メジャーへも二刀流で挑戦してほしい、という声が圧倒的になると想像する。

実際、ファイターズの指揮官も、4年目を迎えたところで、ようやくピッチャーの大谷がバッターの大谷に追いついたと分析している。

ピッチャーとして、プロでこれほどの突き抜けた数字を残したというのに、バッターとしての才能は、ピッチャーとしてのそれをなお凌駕しているというのである。栗山監督はこう言っていた。

「翔平がバッターとしてDHや代打で一軍の試合に出ているのは、才能だけでしょ。親からもらったもので、まだ自分で作ったものじゃない。翔平くらい能力が高いと、それなりにできちゃうんだよ。だからインコースを引っ張りたい、もっと遠くへ飛ばしたいという欲が出てきちゃう。でも、翔平のいいところは、ボールを身体の中に入れて、詰まりながらでも逆方向へ打てるところ。もともと持っている自分の形をちゃんと意識すればいい。（去年の数字は）アイツが勝手に崩れただけなんだから……」

２０１６年の日程から推測すれば、ピッチャーとして中6日で投げ続けると27、28試合に先発することになり、登板数は２０１５年より5、6試合、投球回数で40イニングほど増えて、200イニングに到達できる見込みが立つ。

そういう大谷が、中6日の間の3、4試合にDHで試合に出続ければ、出場数は70〜80試合となり、自身では未踏の300打席を上回ることができる。これだけ打席に立てば、3割、ホームラン20本も可能だろうし、二刀流の真髄を見せつけることができるはずだ。大谷は言った。

「実力があれば試合に出られるし、打てなきゃ出られない、というだけ。両方続けるという気持ちに変わりはありません」

二刀流の助走期間は終わった。

今シーズンは、ピッチャーとして昨年以上の数字をノルマとしながら、バッターとしての数字をどこまで伸ばせるか、その可能性を示す試金石となる。大谷は今年への想いを求められて、こんな言葉を認《したた》めた。

「苦しいとき、厳しいとき、力を発揮できるのが日本男児」

サッカーの名門、清水商（現清水桜が丘）の大瀧雅良監督が、教え子の川口能活に伝えた言葉を、大谷はテレビで見た。それが今も、彼の脳裏に焼きついている。

二刀流の日本男児がメジャーの常識を覆す日は、そう遠くはない――。

②まだ21歳、もう4年目

そういえば、彼はまだ21歳だった。

大谷翔平は2016年の開幕戦のマウンドへ向かう前、こう言ってニヤッと笑った。

「開幕戦はビジターなんで、ウチが先攻ですから。おそらく初回に点を取ってくれて、僕はその点を守ることに全力を注ぐんだろうという感じですね」

打つほうの先輩方、よろしくお願いしますよ——そんなニュアンスを感じさせる不敵な言葉は、大谷がまだ21歳だということをつい、忘れさせる。

開幕戦の当日、大谷は落ち着いているように見えた。登板前日までにできることをすべて終わらせたという自信があるのだろう。その中にはマリーンズの打線に打たれておくことも含まれているはずだ。最悪を想定し、イメージの中で修正し、結果は野球の神様に委ねる。大谷には、そういうスタイルがすでに染みついていた。

「今回は慣れてないことが多いので……ビジターでの開幕、マリン（千葉マリンスタジアム）のマウンド、それもこの時期のマリンですからね。その分、高望みはしていません。一番の理想を持ってマウンドへ行かないようにしたいなと思ってます。内容が悪くても抑えられればいいし、マウンドへ行って、もし1球目がとんでもないボールだったとしても、気持ちの中のギャップを少なくするためには、そういう心持ちのほうがいいのかなというのもあります。必ずしも100％の状態で入らなくてもいいのかなと思うんです」

開幕戦、初回の難しさ

2016年3月25日、千葉マリンスタジアム――。

開幕戦は大谷の言葉通りには運ばなかった。初回、マリーンズの先発、涌井秀章に対し、ツーアウトながらランナー二塁のチャンスで、4番の中田翔が見逃しの三振。〝打つほうの先輩〟は、先制点を大谷にプレゼントすることはできなかった。

そしてその裏。大谷がマリーンズのトップバッター、岡田幸文に投じた3球目、インサイドへのストレートは早くも160㎞に届き、岡田は空振りを喫する。続く4球目も、同じインサイドを狙った160㎞のストレートが、今度は少し外に流れた。その分、岡田のバットの軌道に大谷のボールが合ってしまい、ピッチャー前に高いバウンドが飛んできた。ジャンプした大谷はボールに届いたものの、グラブでつかむタイミングがわずかにズレて、この打球を弾く。これがヒットとなって、ノーアウト一塁。

わずかにボールが外側に流れ、グラブに当てた打球を捕り切れない——どちらも技術でカバーできることなのだが、なぜかこういう流れになってしまうのが開幕戦の難しさだ。このランナーをバントで送られ、3番の清田育宏を三振に仕留めたツーアウト二塁。涌井が1回表に背負ったのと同じ状況である。ここから4番のアルフレド・デスパイネにセンター前へ、6番の井上晴哉にはレフト線へ運ばれ、大谷は一挙に3点を失った。いずれも高く浮いたフォークを弾き返されての、痛恨のタイムリー。この〝スミ3〟が決勝点となって、大谷は開幕戦で黒星を喫した。試合後、彼は言った。

「投げ心地もよくなかったですし、打たれちゃいけないところでフォークが高かったので……それが開幕だからなのかというのはわかりませんけど、初回が難しいというのは改めて感じました。取るところでしっかり取らないと、先頭バッターの打球もそうですけど、結果、ああいう形になってしまうのかなと思いましたね」

就任5年目で初めて開幕戦を落とした栗山英樹監督は、悔しさを押し殺しながら、大舞台で2回以降、7回までをゼロに抑えた大谷を評価して、こう言った。

「集中してる感じもあったたし、気持ちはすごく出てた。抑えたくなればなるほど、初回のあのパターンというのは出てくるよね。それでも、ああいう状態の中で自分を引き戻したのはすごくよかったと思うよ」

2016年バージョンの身体づくりと音合わせ

プロ4年目、21歳の大谷翔平。

オフに野球が上手くなると信じて、昨年の冬から今年の春にかけて、濃密な練習を積み重ねてきた。いったん増量し、そこから絞って、2016年バージョンの身体づくりをする。排気量を上げれば、その分、160km負荷を掛けずに出せるという発想である。開幕戦の初回、岡田に投げた3球目と4球目のストレートが160kmを叩き出したのは、排気量が上がったからだ。今年の身体と今の技術とを擦り合わせる「音合わせ」（大谷）の作業はどうだったのか、大谷に訊いてみた。すると彼はこう言った。

「悪くはないかなと思いますね。去年のフォームがすでに、体重を増やしたとしても投げられるような形だったので、このオフは微調整という感じでした。今の体重で1年目のフォームだったら確実に無理でしたけど、去年のフォームだったら行けるんじゃないかなとは思ってましたからね。微調整の中味ですか……ふふっ（笑）、まだ結果も出ていないのに、今、それを言ってもね。僕の感覚の中の話ですし」

そうやって煙に巻こうとする大谷に食い下がったら、二つ、ヒントをくれた。

「一つは、絶対に腕が遅れちゃダメだということ。もう一つは、絶対に開いちゃダメだということ。ピッチャーの場合は自分主導ですから、難しく考える必要はないんです。

遅れないように腕を振る、開かないようにガマンする。その投げ方を最後まで続ければ故障もしないし、いい球もいくので、ずっと同じフォームで投げたいんですけど、それが難しい。だから、限りなくそこへ近づけていきたいという感じです」

つまりは、ピッチャーとしての大谷にとって、ベースとなる部分の底上げはほぼ終わり、フォームもある程度は固まった。あとは再現性を求めるという次元にまで来ているというのである。ピッチャーとしての幼さがなくなれば、そもそもバッターとしては成熟した技術を持っている大谷だ。このキャンプから、大谷を〝大人扱い〟してきた栗山監督の態度にも納得がいく。栗山監督はそのことについて、こう話していた。

「確かに接し方は変えてるかな。今までは、まだまだ子どもが、という感じだったのを、〝ファイターズ大学〟の最上級生（4年生）になって、認めるべきところは認めようと思っているのかもしれないね。こっちとしては、野球選手として足りないところがあるというスタンスは出しても、たとえば技術に対する飽くなき欲求とか、バッターをやっつけてやろう、このピッチャーを打ってやろうという姿勢とか、そういう人としての部分については十分な翔平になってきていると思ってるから、自然に距離感も変わったんだと思う。ここまでの3年間、ケガなくきたのも事実だし、だからこそ今年は野球で圧倒的な存在感を示して欲しい。そこはまだまだでしょ、大事なところでやられてるんだから。何がエースだって話だよね（笑）」

それでも大谷は相変わらず、そういう栗山監督の想いには気づかない。

「大人扱い？　う～ん、感じませんね（笑）。信頼されているというより、まだ、期待されている感じかな。信頼を感じるのって雰囲気ですから、わかりやすくないでしょ。だから信頼を得るのって難しいし、そこを勝ち取っていくからこそ、エースと言われる存在になれるのかなと思います」

期待は応えるものじゃなくて〝超えるもの〟

栗山監督は今年の2月6日、大谷に「開幕を任せたぞ」と伝えている。じつはこの日はベーブ・ルースの誕生日。2年前の2014年、大谷は同一シーズンにピッチャーとして2ケタ勝利、バッターとして2ケタホームランを放ったのだが、それが1918年のベーブ・ルース以来の快挙だったというニュースは記憶に新しい。逆風が吹き荒れる中、二刀流を推し進めてきた栗山監督にとって、大谷に〝ベーブ・ルース以来〟の冠がつくなんて想像もしないことだった。そして、大谷の二刀流がベーブ・ルースの名前を今に蘇らせたことは栗山監督を励ました。

2016年4月1日、ファイターズはホークスと静岡草薙球場で対戦する。今から82年前、ここで開催された日米野球で沢村栄治とベーブ・ルースが対戦していることはよく知られた話だ。球場の横には、二人が対峙する銅像が立てられており、この日は栗山監督と大谷にとっては特別な舞台となる。大谷が言う。

「ベーブ・ルースというのも、監督なりに考えてくれてのことですし、期待に応えたいとは思います。でも、高校の頃から言われてきたのは、期待は応えるものじゃなくて〝超えるものだ〟ということ。おそらく『翔平はここまでやってくれるだろう』と監督が考える、そのもう一つ上を行けたらいいんじゃないかなと思いますね（笑）」

２０１５年、ピッチャーとして15勝を挙げた大谷に、栗山監督が期待するのは25勝。それは２０１３年の田中将大が24勝0敗だったから、ということなのかと思いきや、そうではなかった。栗山監督は、ピッチャーとして15勝、バッターとして「翔平のバットでプラス10勝を叩き出せ」という意味の〝25勝〟を求めているのだ。

もともと成熟した技術を持つ大谷のバッティング。ピッチャーと違ってバッターに関しては、育てる、伸ばすというより、取り戻す、思い出させることができれば、結果は残ると栗山監督は確信している。だからこそ2月からバッターとして実戦の機会を増やし、試合勘を植えつけようとしてきたのだ。ドラフトで指名されたとき、「入団したらバッターにされちゃうんじゃないか」と心配したほどピッチャーに自信のなかった大谷は、今、「このままだとピッチャーにされちゃうんじゃないか」という不安に苛《さいな》まれてはいないのだろうか。

「そういうプレッシャーはないですね。もちろん常に結果は欲しいんですけど、ピッチャーの成績が伸びてきたこととバッターとしての成績は別ですからね。もともと自分の中ではピッチャーとバッターを競わせてませんし、切磋琢磨もしてません（笑）」

昨年のバッターとしての数字が、今の大谷に「ピッチャーにされちゃう」不安をもたらさないのは、それだけバッティングに自信があるからだ。では、二刀流を続けるために、今年、大谷が示さなければならないと考えている数字は何なのだろう。

「数字ですか……ふふっ（笑）、好きですねぇ、数字が。20勝はしたいなって、いや、20勝は、って軽く言える数字じゃないし、1年目じゃ言えなかった、とてつもない夢の数字ですよ。でも、それを言えるだけでも成長したのかなという実感を自分に与えながら口にすることができるので、数字は〝20勝、20本〟です。20勝して、20本のホームランを打てば、日本一にも近づくんじゃないかと思いますし、そう言って喜んでもらえるのなら、言いますよ」

　昨年の6月、旭川スタルヒン球場で大谷が投げたとき、大谷自身、「スタルヒンが降りてきたんじゃないか」と感じるほどのピッチングで自身初の2ケタ奪三振による完封を成し遂げ、15勝につなげた。今年の4月、今度はベーブ・ルースが降りてくれれば、バッターとしての覚醒は間違いない。ついでに沢村栄治も降りてきてくれれば……実際、野球の神様が大谷をそこまで贔屓《ひいき》するんじゃないかと思わせるだけのことに、彼は取り組んでいる。大谷はこう言った。

「ちっちゃい頃から始めて、終わるまでの野球人生、30年以上あったとして、全部の技術を習得することはできないと思うんです。走攻守、すべてにおいてレベル100なんて、あり得ない。だからどこまでそこへ近づけるのかが一番の楽しみですし、現役のうちにできる野球の技術、すべてに取り組みたい。僕はここまで野球がうまくなったということを自分の中に残したいんです。すべてレベル100の全スキルを持っているのは野球の神様だけですからね」

なんと欲張りなことを——大谷が目指しているのは、野球の神様に近づくことだった。彼は本当にまだ21歳なのだろうか。すると大谷は、サラッとこう言ってのけた。

「まだ21歳、でも、もうプロ4年目です」

③ 打席の数だけバージョンアップ

ついに163㎞を投げた。

東京ドームはその瞬間、確かにどよめいた。しかし、もっとどよめいたのは、大谷翔平が打席にいたときのことだ。

豪快なフルスイングの空振り。

高い弾道の、でっかいファウル。

迫力あふれるフォロースルー。

ライト前ヒットの、打球の速さ。

そのどれもが、観るものの度肝を抜くスケールなのである。163㎞のストレートにはスピードガンの表示で初めて驚かされるのだが、バッターとしての大谷の凄味は一目瞭然。豪快なスイング、高い弾道、速い打球、そのすべてに観客が息を呑み、どよめきが広がっていく。

バッター、大谷の覚醒――。

6月に入ってもその勢いは止まることがない。連続試合安打は17を数え、打率は3割5分を上回る。レフト方向へのホームランには、打たれたピッチャーが「信じられない」と嘆いていた。大谷は言う。

「常に結果は欲しいですよ。それは1年目からそうでした。でも、だからと言って結果を残さなきゃ、というプレッシャーは感じませんでした。僕はピッチングにしてもバッティングにしても、自分の形をどれだけ高いレベルでできるのかなっていうところに楽しみがあるだけなので……」

つまりは自分の形で投げて、打てれば、おのずと結果は残るということか。

「もちろん、その自信は常にありますね。去年もありましたし……（笑）」

そもそも、大谷のバッターとしての才能はピッチャーのそれを凌駕するという見方は根強かった。小学生の頃から大谷の飛距離は群を抜いており、河川敷のグラウンドでは川にボールを何個も放り込んだ。中学生のときには、相手の内野手までもが下がって守った。大谷の打球があまりにも速すぎて危なかったからだ。花巻東に入学した直後は身体づくりを優先させて、ピッチャーではなく、野手として試合に出た。1年の春から4番を任されていたのだが、花巻東の佐々木洋監督はバッターとしての大谷にはさほど期待していなかったのだという。

「ウチの部長から『ダルビッシュ（有）君みたいな中学生がいる』って報告があったん

です。私は（菊池）雄星のような選手は岩手からは二度と出てこないと思っていました。それが雄星が卒業した途端、ダルビッシュ君みたいなのって……そんな凄いのが岩手にいるわけないだろって言ってたんですよ。でも実際に見てみたら、雄星が最初で最後じゃなかった。だから私の頭の中には、翔平はピッチャーだという感覚しかありません。正直、今でも『あれっ、翔平のバッティングってそんなに凄かったかな』と思ってしまうんです（苦笑）」

自分で思っていたよりも、もっと上の自分がいた

大谷自身も、高校時代からバッターよりもピッチャーとしての意識が高かった。大谷が当時をこう振り返る。

「僕もピッチャーで行くものだと思ってました。でもケガもあって、ピッチャーができない時期のほうが長かった。だから高校時代はバッティング練習をたくさんやりました。試合で3番とか4番を打たせてもらっていましたし、野手としての仕事もしっかりやらなきゃいけなかったので……そうしたら、バッターとしての自分がどんどんよくなっていくのを感じた。自分で思っていたよりも、もっと上の自分がいたので、バッティングが楽しくなってきたんです」

期せずしてバッターとしての才能が花開いた大谷は、甲子園でもその片鱗を見せつけ

る。2年の夏、帝京戦で放ったレフトのフェンスを直撃する痛烈なヒットにプロのスカウト陣は度肝を抜かれ、3年春には大阪桐蔭の藤浪晋太郎が投げたインコースのスライダーをライトスタンドまで運び、バッターとしての評価を決定的なものとした。それでも佐々木監督と大谷はピッチャーにこだわり続けた。佐々木監督が言う。

「どれだけ結果が出ても、本人はバッターでプロに行こうとは思っていなかったと思いますよ。そのスタイルは今も一緒じゃないですか。いつかメジャーには行きたいんだけど、でも、バッターで行こうとは思っていない。行くならピッチャーで、と思っているはずです。翔平はバッティングが楽しいんですよ。ピッチャーは仕事でやっている。栗山（英樹）監督が『翔平は二人いる』とおっしゃってましたけど、本当にそう。ピッチャーは仕事、バッターは趣味。そういう二重人格だと、私も思います（笑）」

じつは佐々木監督が、高校時代の大谷がバッターでプロに行こうとは思っていないと確信した瞬間がある。大谷が高校3年の5月、岩手県の春季大会で対戦した大東高校が、大谷を打席に迎えて突如、サードを外野に回し、外野手4人というシフトを敷いたことがあった。佐々木監督が言う。

「そのとき、翔平がどうしたかというと、彼はコンッとサードへゴロを打ったんです。もしバッターとしてプロを目指しているなら、シフトを越えていこうとしますよね。でもチームが勝つために、サードが空いているならそこでいいやって、平気でゴロを転がせる。バッターの翔平には遊び心があるんです。今も2億円を稼いでいるのはピッチャーの大谷で、バッターの大谷は野球好きの少年のように、打ちたい、打てなかったら悔しい、だから練習する……それを繰り返しているだけなんだと思います」

バッティングは踏み込んだところで決まってると思うんです

練習中も試合中も、大谷は手持ちぶさたになると、右手を左肩の前に持ってきて、バッターがボールを待つときの形を何度も作っている。昨年はそういうとき、シャドウ・ピッチングをしていたのに、今年の大谷はエア・バッティングに夢中のようだ。

「究極はベースの上に来たボールをしっかり打つということです。そのためにどうやってボールに入っていくか。自分の形ができれば、ある程度のボールには反応できますからね。バッティングというのは振り始める前、踏み込んだところで決まってると思うんです。あとは流れに任せても、手さえ残っていればどうにでもなりますから……」

たとえば、昨年はさんざん振らされた低めへ落ちるボール球に、今年の大谷はかなり対応している。5月19日のホークス戦では、東浜巨に追い込まれながら4球続けて投げられたフォークボールを平然と見逃し、カットして逃げた揚げ句、最後は落ちる球を見逃してフォアボールを選んだ。5月29日のイーグルス戦では、追い込まれてから左の西宮悠介が投じた外角低めのスライダーに、右肩が開くことなくついていく。どんなボールにも崩されることなく、開かないという一貫した動きの中でボールを捉えにいくことができているのである。佐々木監督が、こんな興味深い分析をしてくれた。

「高校3年間、バッターの大谷は進化の度合いがむちゃくちゃ速かった。ピッチャーにしか目が向いていなかった私にも、それは伝わってきました。たぶんプロに行っても、新しいバージョンがインストールされるスピードは、ピッチャーよりもバッターのほうが速いと思います。翔平は打席に立って、相手のピッチャーと対戦を重ねれば重ねるほど、上がっていく。経験すればするほど、打てるようになるんです」

見るものの心を揺さぶる、力強くて速いスイングは、大谷の覚醒の象徴でもある。163㎞のストレートがピッチャーとしての得難い魅力なら、163mのホームランだって、バッターとしての胸躍る魅力に他ならない。

大谷翔平には、そのどちらも叶える能力が備わっている――。

④この手は何を見つけるのだろう？

普通、最低限、こんなもんかな――。

プロ4年目の前半戦について総括してもらったら、大谷翔平の口からはあまりに淡々とした言葉が連ねられた。

「思い通りに来ているということはないですね。かと言って、思い通りではないということもないので……結果もそうですし、自分の取り組みについてもそうです。結果については、左右できる部分とできない部分がありますし、良し悪しが出るのはしょうがないかなと思いますけど、自分の取り組みについては、もっとこうしたいな、ああしたいのになというところのほうが、まだ多いかなと思います」

ピッチャーとしての前半戦、大谷は16試合に登板し、8勝4敗、防御率は2・03と、決して悪くない数字を残した。それでも印象として苦しんだイメージが残っているのは、開幕投手を託されながらもチームが敗れ、そこから5試合、悪い流れに呑み込まれて大谷自身、勝ち星を手にすることができなかったからだ。勝てなかった1カ月余りの間、大谷はその理由を、技術ではなく、メンタルに求めていた。

「僕の中に、前の年と比較して今年はこれだけ行けるんじゃないか、これくらいはやらなきゃいけないという数字がありました。でも、いいピッチングをしたのによくない結果になってしまうと、自分では左右できない部分で悩んでしまうことになります。1点取られて負ける日もあれば、5点取られて勝てる日もあるのに、いちいち悩んで……それがよくない方向に出ていたのかもしれません。あの時期は、勝てないことに慣れましたね（苦笑）。慣れなければもっと早く改善できたかもしれませんし、慣れたことで最短の道を来られたのかもしれない。そこはわかりませんけど、でも、変えなきゃいけないこともあると思って、登板間の投球間隔は変えたりしました」

きっかけをつかんで流れに乗ることさえできれば、ピッチャーとしての大谷のポテンシャルは疑いようがない。5月下旬からは追い風に乗り、自身最長タイとなる7連勝を記録。6月5日の東京ドームでは日本最速を更新する163kmのストレートを投げるなど、今シーズンも圧巻のピッチングを印象づけてきた。

「（163kmについては）目標を一つクリアするという意味において、いい経験をしたかなと思っています。目標を達成する嬉しさや目標を掲げたときのワクワク感を思い出すことができますからね。そういう一つの経験は、自分の中に積み重なっていくものだと思います」

大谷は昨年のオフ、身体を大きくすることでもたらされるのは、豪快さではなく緻密さだと話していた。身体に力がつけば、もっとコンパクトになって、より精度の高いピッチングができる。今までは120%のフルスロットルで、ブレを覚悟しながら投げないと160㎞が出なかったのに、コンパクトな動きの中でも、精度の高い160㎞を何球でも投げられるようになるのだ。そういう理想を体現できたのが163㎞であり、その1週間後に登板した6月12日のタイガース戦だった。初回から飛ばすと決めてリミッターを外した大谷は、ついに覚醒したかのように見えた。160㎞超のボールを3回までに18球。163㎞を連発した初回は、3者連続で空振り三振を奪った。めいっぱいアクセルを踏んでも、精度の高い160㎞のボールを投げられた——そのピッチングを大谷は繰り返し、「あれ」と表現した。

「まあまあ調子もよかったし、初回から全力で行こうと決めていました。あの日の自分なら、おそらくそういうピッチングができるだろうと思いましたし、あれがそのときに勝てる確率がもっとも高い選択だと思いましたから……あとは、おもしろそうだなと思いましたしね（笑）」

大谷が1試合の中で何度か使う、トップギア。それをエンジンがまだ温まっていない、不得手としてきた立ち上がりに使おうとしたのだ。そのとき、大谷が技術的に意識したことは何だったのだろう。

「動作で言うなら、回転するスピードを速くするイメージを持つことですね。腕だけとか、身体の一部だけではなく、すべての回転を速くする。そのためには我慢することです。回転し始めるギリギリのところまで力を溜めて、一気に回転する準備ができているかどうか……あれはあれでまた一つ、（武器として）自分の中に残すことができたんじゃないかなと思います。この1試合を完投、完封するんだというときには使えますけど、あれを1年間に30試合近く使うとなると、これはまた別の話だなと思うところもありましたね」

今年はイメージ通りに打てたホームランがない

一方、バッターとしての前半戦、大谷は確かに覚醒した。130打数43安打、ホームラン10本、打点27、打率は3割3分1厘。バッターとしての出場試合数が限られる中、ピッチャーとして先発する試合でも、大谷はDHを押しのけてラインアップに名を連ねるようになった。7月3日のホークス戦では〝1番、ピッチャー大谷〟が初回、先頭打者としてバッターボックスに入り、初球をいきなり右中間スタンドに運んだ。あの期待を〝超えた〟ホームランは、期待に〝応えた〟163㎞よりも、見るものにインパクトを与えたと言っていい。

「でも、今年は狙いに行って、いいタイミングで思い切り振り抜けて、イメージ通りに打てたホームランというのがないんですよ。狙いが外れて、打ち損じて詰まったのにそれでも入ってくれるというのは、去年よりもいいのかなと思いますけど、一番いいところで捉えて打ったホームランは、まだありません。思い通りじゃないのにホームランになってくれるのは、気持ちよく振って飛ぶよりかは嬉しい部分もありますけど、でも、それが一番、いいものとは思えませんし、今年のレベルで考えれば、まだ満足できるホームランはありませんね」

ピッチャーとして責任を果たしながら、バッターとして覚醒した前半戦。それでも大谷の中にはモヤモヤしたものが残った。「普通、最低限、こんなもんかな」という彼の言葉は、思い描いたイメージと現実との間にギャップがあることを示している。

「技術的な部分もそうじゃないですか。4年目になって、投げることにしても、打つことにしても、このくらいはできるだろうということもいっぱいあるのに、それができない。できるはずのことができないからもどかしいし、勝てると思って勝てないのが悔しい。悩むとしたらそこじゃないですかね。何ができないのかと言われても、こればっかりは自分だけの感覚なので、周りの人に言ってもわからないと思います」

野球を辞めるとき、自分が何を発見できたかが一番大事

できるはずなのにできない技術について、何度、具体的に訊ねても、大谷は「他の人にはわからない」の一点張り。唯一、その手掛かりとなる言葉が出てきたのは、そので

きない悔しさをどうやって消化するのかと訊ねたときのことだった。

「それが難しいんです……野球を始めて何球も投げてきましたし、何回も振ってきましたけど、それでも忘れる技術がありますからね。できていたのに、どういう感覚でやってたのかなってなっちゃう。これが難しいところなんです。忘れたとしても、結果として悪い方向に出るとは限りませんし、周りから見れば悪くないと思われるかもしれない。できたことを忘れたくないというのはもちろんですけど、最後、僕が野球を辞めるとき、自分がどういうものを発見できたのかなというところが一番、大事だと思うんです。おそらく、それを全部発見することは不可能なので、『自分はこういうものを築いてきたというものが最後にある』ということを一番大事にしたいと考えています。変な話、100勝して何もないより、最後の最後に1勝して、そのときにすごいものを発見できたほうが嬉しいのかなと思うので……プロ野球選手にとって勝ち続けることは大事ですけど、それとは別に、自分の中に何かを残すことはそれ以上に大事なのかなと思っているんです。それが何なのかは終わってみなければわからない部分ですけど、やっぱり最後に満足して終わりたい。終わって何も残らなかったというのが一番、悲しいですからね」

　大谷は高校時代、将来の人生設計を書き記したとき、現役引退を〝57歳〟に設定したことがある。10代の大谷が40年間の野球人生を思い描き、22歳になったばかりだというのに、もう「野球を辞めるとき」とか「最後の最後」などという言葉が口をついて出る。

彼はいったいどこまで先を見据えているのかと、改めて驚かされる。

「57歳ですか？　いや、とくに深い意味はなかったんです。なるべく長くやりたいというだけだったので……そのときには80いくつで死ぬって書いた気がするんですけど、そうだとすると、人生の半分はプロ野球選手ですね。１２０歳まで生きられるんなら別ですけど……（笑）」

ちなみにその人生設計では22歳の２０１６年、大谷はサイ・ヤング賞を獲ることになっていた。

⑤僕の想像を超えたシーズン

悲願のリーグ制覇を成し遂げてから2日後、大谷翔平は穏やかな表情で話し始めた。

「西武戦の前夜ですか。ホテルの部屋のテレビで（女子バドミントンの）〝タカマツペア〟のドキュメンタリー、見てました（笑）。たまたまやっていたので、なんとなくですけど……あとはスマホでホゼのピッチング、見てたかな（ボート事故で亡くなったマーリンズのホゼ・フェルナンデス）。好きだったので……あのスライダー、メッチャすごいですよね」

まだ余韻が残っているであろう、両腕を天に突き上げた歓喜の瞬間を振り返ってもらうと、彼はこう続けた。

「勝った瞬間は、終わったなっていう感じで、振り返ったら（大野）奨太さんがもう目の前に来ていたので……拭っていたのは汗ですよ。泣いてません。あの日は暑かったし、みんなが集まって息苦しかったので、ちょっと輪から外れましたけど（笑）」

２０１６年９月28日、マジック１で迎えた敵地でのライオンズ戦。中６日でマウンドに向かった大谷は、ブランドン・レアードが叩き出した虎の子の１点をたった一人で守り切って、人生初の胴上げ投手となった。

「いや、まさか最後まで行くとは思わなかったんですけど、でも７回、８回あたりからは、これは最後まで行く雰囲気なんだろうなと思いました。１－０で代わるというのもないでしょうし、やっぱり僕が最後まで行くしかないなと思っていました」

１点取ってもらった時点で半分、終わってますからね

ちょうど１週間前の９月21日、優勝の行方を左右するホークスとの直接対決で先発のマウンドを託された大谷は、ときに雄叫びを上げ、拳を握りしめ、グラブをはめたまま両手を叩いて、ほとばしる感情を隠そうともしなかった。ホークスを８回まで１点に抑えて９勝目を挙げた大谷は、チームにとてつもなく大きな勝利をもたらした。

しかし優勝が懸かったライオンズ戦での大谷は、〝動〟のホークス戦とは違って終始、〝静〟だった。小さなガッツポーズはあったものの、マウンドの大谷からはほとんど感情らしきものは感じられない。その違いは何だったのかを訊くと、彼はこう言った。

「うーん、何ですかかね。とくに何も変えていないというか、そうしようと思っていたわけではないんですけど、西武との試合のほうは、抑えて次、抑えて次って、ただ単純に

出てくるバッターを抑えるというそれだけの作業を淡々と9回まで繰り返した感じでした。でもソフトバンク戦は、こっちが動いて、攻めて、追加点を取っていくという動くゲームをイメージしてましたから、よし、行くぞ、どんどん点を取っていくという気持ちが自分の中にあって、それで感情が前面に出たんじゃないかと思います。それって、自分が打線の中に入っていたからなのかもしれませんね」

確かに、ホークス戦での大谷は8番ピッチャーでの出場、ライオンズ戦はDHを近藤健介に任せてのピッチャーとしての出場だった。それが彼のメンタリティに影響を与えていたというのだろうか。

「西武戦は、1点取ってもらった時点で半分、終わってますからね。それはこれ以上、点を取るのが無理だということじゃなくて、1点を取ってもらったら、僕がゼロに抑えれば勝てるわけじゃないですか。最初の1点で決まるという覚悟で投げていて、その1点がウチに入った。だったら、この試合は1－0で勝つんだ、最後まで守り切るんだという感じになって、攻撃に関してはもう頭になかったので……」

つまり、ライオンズとの一戦はピッチャーになり切っていたからこそ、〝静〟のピッチングとなり、ホークス戦はバッターとして攻撃に加わっていたから〝動〟のピッチングになったというのである。そういえばホークス戦で8回を投げ切った大谷に9回の打席が回ってきたとき、彼はやけに張り切って打席に向かったように見えた。打席に入る直前、バットを持ったまま、エイとばかりに胸を開いて肩甲骨を寄せ、気合を漲《みなぎ》らせたのである。112球も投げて、身も心もクタクタのはずなのに……それでも大谷は思い切ってバットを振る。栗山英樹監督はこう言って苦笑いを浮かべていた。

「アイツ、誰にもできないことに向かうのが好きなんだろうね。だからこっちも宿題をどんどん難しくするんだよ。優勝が懸かった西武戦でも、先発する前の日に代打で使ったけど、あの日って優勝するかもしれなかったから翔平、いたでしょ。普通、次の日の先発は上がりになるんだけど、球場にいるっていうからさ、だったら使うよって……それで打っちゃうからね（打線が打ちあぐねた岸孝之からツーベース）。使わないわけにはいかなくなっちゃうんだよ」

ホームラン狙って、空振りしてきます

大谷翔平のプロ4年目。

ピッチャーとして10勝4敗、防御率1・86、奪三振174。バッターとして104安打を放ち、打率3割2分2厘、打点67、ホームラン22本。打線に名を連ねて先発した、いわゆる〝リアル二刀流〟の試合ではピッチャーとして7戦7勝、バッターとして打率3割8分1厘、打点4、ホームラン1本――そのホームランこそが、福岡で放った史上初のピッチャーによる初球先頭打者ホームランだったというわけだ。今年の大谷のバッティングの中でもっとも印象に残っているのはどれかと栗山監督に訊くと、指揮官は迷

わずこのホームランを挙げた。

「あのときの翔平、ホームランを打ったあと、ゆっくり走ったでしょ。あれ、最初からホームランを打つというイメージがなかったら、あんなふうにゆっくりなんて絶対に走れないからね。ホームランを打っちゃったら、興奮して走っちゃうでしょ。『えーっ、コイツ、ホームランを打つつもりだったんだ』って、ビックリした。こっちが1番という打順によって何を意図していたのか、彼なりに受け止めていたんだって、その理解力の高さに驚かされたよね」

　交流戦の開始を待たずにリーグ戦でDH解除をして6番に大谷を入れたのが5月29日。そこから3試合、交流戦で〝5番ピッチャー〟として起用している間に、大谷はピッチャーとして日本最速となる163㎞を投げた（当時。のちに大谷自身が164㎞、さらに165㎞を投げて更新）。さらに〝1番ピッチャー〟として起用するなど、栗山監督は次から次へ、大谷に対して新たな課題を繰り出してきた。大谷はこう言う。

「どれも、僕の中にない発想ですから、僕の想像を超えてくる感じはしますね。1番ピッチャーって聞いたときも、最初は『これはないな、これはさすがに無理かな』と思いましたから……だってホームランを打ってこいってことでしょ。いやいや、三振でいいなって。思いっ切り振って、空振り三振か、ホームラン。みんなには『ホームラン狙って、空振りしてきます』って言ってたんです。そうしたら当たった（笑）」

　一方の栗山監督はこうも言っていた。

「今年の前半、翔平は野球が楽しそうに見えなかった。野球がうまくなるときって、野球が楽しくて、野球に集中できてるときだと思うんだ。だから、どうしたらアイツが野球を楽しめるだろうって考えた結果のDH解除であり、1番ピッチャーだった。そりゃ、こっちもずいぶん無茶言ったし、翔平にもいろんなことがあった。正直、こいつ、すごく頑張ったなと思った瞬間もある。だから今、翔平が『今シーズンは楽しかったです』って言ってくれたら、少しだけ、ホッとするかな」

そんな監督の言葉を大谷にぶつけてみたら、彼はニヤッと笑って、こう言った。

「最終的には楽しかったですね。すごく楽しかったです。やっぱり投げられない時期もありましたし、最初の勝てなかった頃なんて、本当におもしろくもなんともなかった。期待に応えられないことへの焦りもありましたし、そういう時期がシーズンの初めに来ると、今シーズンはどうなっちゃうんだろうって不安しか感じませんでした。でもこうやって優勝してみると、そんなに深く思い悩んで追い込まれるほどたいしたアレじゃなかったと思うんですけどね」

バッターとしてチームの勝敗を左右する存在

しかもオールスター前、大谷は中指のマメを潰してしまう。ピッチャーとして投げられない——大谷を襲ったこのピンチで、栗山監督は野球の神様に喰らいつく。

「今年は翔平が20勝すると思って臨んでいるシーズンでしょ。でも、マメで登板できないとなった段階で、今までに経験させてやれてないことは何かと考えた。そのうちの一つが、ずっとバッターとして出続けることで、表が裏になり、裏が表になるというキャッチャーとの配球の勝負をさせてやるということだった。前のカードでこういう配球をされたからその意識が残っちゃうとか、1打席を捨ててでも餌を撒くとか、バッターには打席を重ねていく中での葛藤があるんだけど、バッターとして週に3試合しか出られなかった翔平には、それができなかった。だったらピッチャーとしてもう一回、フォームを固めるまではバッターが苦しむことを経験させようと……それが今、すべきことなんだと、野球の神様が教えてくれてるって思ったんだ」

オールスター明けの約2カ月、大谷はローテーションから外れ、バッターとして試合に出続けた。3番に大谷が座った打線は途端に迫力を増し、相手の脅威となった。後半戦、復帰登板を果たすまでの大谷がバッターとしてホームランを打った試合は8勝2敗、打点を挙げた試合は14勝3敗。逆にノーヒットに終わった試合は2勝7敗と、バッターとしての大谷はチームの勝敗を左右する存在となっていた。開幕前の栗山監督が「今年の翔平はピッチャーとして15勝、バッターとしてホームランを20本打ってバットでプラス10勝を叩き出せば、3年前のマー君（田中将大）の24勝0敗を上回ることができる」と言っていたのだが、今年のバッターとしての自分を、大谷自身はどう評価しているのだろう。

「大事な時期にいいところで打てたというのは、選手として成長できるところがたくさんあったからなのかなと思います。打席に立つ機会が増えれば配球の勉強もできますし、相手のスコアラーさんが前の試合の僕を見て、どんな感想を持って、それをどういうふうに配球に取り込んでくるのかってこともわかるようになってきます。インコースの厳しいところにも、投げてもらえるからこそ、成長できますし、内の厳しいところが打てるようになってきたら、次は外に逃げる球をどう打つか、緩急をつけられたらどうするのか……それこそが僕が成長できる絶好のチャンスですからね」

打てそうな景色とそうじゃない景色

今年の2月6日、栗山監督はベーブ・ルースの誕生日にあわせて大谷を呼び、今年の開幕投手を任せることを告げた。そのとき、栗山監督は大谷に「オレに手紙を書いてくれ」と便箋を差し出した。すると大谷はそこへ、『20勝、ホームラン20本、優勝、日本一』と認《したた》めた。「正直、ホームラン20本は無理だと思った」と笑った指揮官だったが、今年の大谷はバッターとしての約束のほうを守ったのだ。栗山監督はこう言って舌を巻く。

「翔平の凄さは何かというと、飛距離のレベルが人とは全然違うということ。一人だけリトルリーグの球場でやってるくらいの感覚は絶対にあると思う。あれだけ飛ばせるというのは彼にしかない特長だし、だからこそ飛ばそうとする必要がない。翔平の場合は当てたら簡単にホームランになるんだよ。ボールを引きつけて逆方向へ打てば勝手に飛んでいくんだから……」

今年、大谷が打った22本のホームランは、野球好きをさらに饒舌にする。

「逆方向へあんなに高く上げて入るか」

「あのヒジの畳み方はどうなってんだ」

「イチローの言う通り、バッターだよ」

バッティングは構えで決まるという大谷は、何か新しいことを思いつくたび、嬉々として鏡の前に立って構えてみる。食事をしていても、ゴロンと横になっていても、自分のレベルが上がるかもしれないとなれば、嬉しくてたまらないのだという。

「構えたとき、打席の中からピッチャーがどう見えるか……そこには、打てそうな景色とそうじゃない景色があるんです。今年は打てそうだなと思って打てた、いいホームランがけっこうありました。いつも打てていないところを打てたり、前の自分では打てなかったところを打てるようになっているのを試合の中で実感できたときって、自分の中でのレベルが上がった感じがして、すごく嬉しいじゃないですか。今年で言えば、嘉弥真（新也、ホークス）さんから打ったセンター左へのホームラン（8月6日の16号）とか、武隈（祥太、ライオンズ）さんからのセンターへの1本（8月27日の20号）、あとは金刃（憲人、イーグルス）さんから打ったセンター右へのホームラン（9月10日の22号）かな。

武隈さんと金刃さんから打ったホームランはボール球だったんですけど、あの2本はストライクゾーンに限らなくても、あそこまでは打てるという認識を実戦の中で自分の中に作ることができたという点で、すごく大きかった。基本的にはまっすぐにしても変化球にしても、ストライクゾーンの球を捌《さば》いていけばいいんですけど、もしそうじゃない場合が発生したとき（審判のストライクゾーンが広いという意味か）に、そこまで打てる可能性を残してあるというのは、自分の中に心の余裕ができるので、それはすごくよかったし、できなかったことができるようになったうちの一つかなと思います」

審判がストライクをコールする可能性があるボール球も打っておきたい……こういう話を聞くと、大谷の野球観はいつ、どのように育まれたのかと興味をそそられる。彼はいったい、いくつの項目でレベルを100まで上げようとしているのか――今年のバッティングに関する覚醒を、栗山監督は「ベーブ・ルースが降りてきたからだよ」と言って笑う。ベーブ・ルースゆかりの地である静岡の草薙で、今年、大谷が投げたからだ。「絶対にベーブ・ルースに呼んでもらったんだ」と言い張る栗山監督に対し、大谷は依然としてクールだ。

「いや、降りてきてませんよ（笑）」

ピッチャーとしてもバッターとしても日本中を仰天させた22歳。しかし、大谷翔平だけは、まだまだこんなもんじゃないと自らの伸びしろをイメージできている――。

⑥二刀流が救ってくれた

1年間で最もスポーツファンを興奮させたアスリートに贈られる『ナンバーMVP賞』。35回目となる2016年のMVPは、打者として打率3割2分2厘、22本塁打、投手として10勝を挙げ、チームを日本一に導いた、北海道日本ハムファイターズの〝二刀流〟大谷翔平が受賞した。

投打における圧巻の活躍——日本プロ野球史上最速の165km、自身初の日本一、メジャー挑戦と、激動の1年のすべてを語った。

——ナンバーMVP、おめでとうございます。

「ありがとうございます」

——パ・リーグMVP、日本プロスポーツ大賞……このオフは受賞ラッシュですね。

「ホント、ありがたいと思います」

――唐突ですけど、大谷選手って普段、外出するときに帽子を目深に被ったり、サングラスをしたりしませんよね。

「だって、別にする必要ないかなって（笑）」

――街を歩いていて、「あ、大谷だ」ってバレちゃうの、イヤじゃないんですか。

「……イヤですかね？　イヤですか？　別に僕、ヘンなところに行かないので（笑）。そういうところに行くならバッチリやりますけど、そうじゃないので、どこでバレても全然、問題ないです。そういう自信があるから、帽子もサングラスもいらないし」

――相変わらずの野球一色ですね。ではクリスマスにサンタクロースがプレゼントをくれるとしたら、何をお願いしますか。

「うーん、何ですかね……時間かな」

――時間？

「今は時間が欲しいですね。あと1カ月」

――その時間を何に使うんですか。

「それは、結局、野球です（笑）。やっぱりオフの間、いろんなところへ行くとなるとやりたいことができなかったりするので、あと1カ月、準備期間が欲しいです」

――準備というのは、WBC？

「1次選考という早い時期に正式メンバーとして選んでもらいましたから、期待してもらっているのは感じますし、やらなきゃいけないなというのもありますから……」

――ＷＢＣではピッチャーとしてもバッターとしても期待されています。二刀流については、この1年でずいぶん周りの空気が変わったと感じていますか。

「どうなんですかね。確かにチームは勝って、いろんな評価をいただきましたけど、個人的に納得したシーズンだったと感じているわけではないので……勝ったこととはまた別の悔しさがありましたね」

――でも野球人生、初の日本一ですよ。

「勝った瞬間はホッとしましたし、よかったなあと思いました。でも、日本一になったけど、やりきったという自信がなかったので素直に喜べなかったんです。これがキャリアハイの数字を残していれば違ったのかもしれませんけど、優勝してよかったと思う分、自分は何ができたんだろうと思ってしまうところもありました」

――初めて見た日本一の景色、もっと晴れた日に登りたかったということかな。

「そうですね、霞んでましたね（苦笑）」

――納得できなかったのはどんなところ？

「2カ月も先発できない時期がありましたし、フルに出られませんでしたから……打てる打てない、打たれる打たれない、というところではなく、毎試合、出られるだけ出たいという気持ちはあったかな」

――二刀流を極めようとするとき、それぞれの数字を上げるよりも、もっと打席に立ちたい、もっとイニング数を投げたいという思いのほうが強いということですか。

「それはあります。絶対数を増やしたいという気持ちはあるんですけど、ただ、規定投球回数や規定打席数に対する強いこだわりは思ったよりもなかったですね。ピッチャーとしては最後の試合で3イニング投げれば届いていたんですけど、でもその3イニングを投げたからと言って、シーズン中にやってきたことの評価が変わるのかと考えたとき、自分の中でそこは変わらなかったんです。もちろん、もっと投げたいという気持ちはいつも持ってますけど（笑）」

コンパクトにブワーンと振れれば長打も打てて、率も残る

――先発から遠ざかった2カ月、きっかけは中指のマメを潰したことでしたが、フォームが狂っていたという話も聞きました。

「狂ってましたね。動きたい動きができなかった。フォームが悪いときというのは、イメージが作れなくて、動きたいと思う動きそのものがよくないんですけど、あのときはイメージはちゃんとできていたんです。でも指のせいもあって、イメージ通りに腕を振ることができなかった。そこをイメージに追いつかせるために、自分からドリルをやろうかという感じになりました」

――フォームの基本を繰り返すドリルにはそれまであまり熱心じゃなかったのに？

「そうですね（苦笑）。嫌いなわけじゃないんですけど、技術に結びつけるのに、もの

すごく地味な作業ですからね。反復も必要ですし、辛抱強くやるしかないんで……でもあの時期に関しては、より重点的にドリルに取り組んだかなと思います」

——プロに入って、あんなに苦しんだ時期はなかったんじゃないですか？

「早く投げたいという気持ちもありましたし、苦しさとか悔しさはもちろん、ありました。ただ、バッティングが絶好調だったんで（笑）、それでメンタル、持ちこたえてくれたのかなって。投げられない分、打席で何とかしなきゃいけないと思ってました。あのチーム状況で何も力になれないなら僕はいる意味がありませんし、あの時期は、打席で喰らいついて振ってましたね」

——そのバッティングですが、11月に行なわれた日本代表戦の打席での構え、シーズン中とはずいぶん違う印象を受けました。

「初動を遅くしたいと思ったんです。向こうのピッチャーは動くボールもありますし、速い球もある。だから振り出しをギリギリまで遅くして、コンパクトにコンタクトするために振り幅を小さくしたかった。振り幅が大きくなるとバットの軌道がズレますから、そこを小さくして、なおかつ飛距離を出せるような感じがいいかなと思って、そのために構えを変えました」

——コンパクトに振って飛距離を出すなんて、ずいぶん欲張りましたね。

「だから、そういうバッティングの理想像を作る上でフィジカル（身体を強く、大きくすること）は必要でした。それなりに振れないとそういう形は作れなかったと思いますし、自分のイメージに身体がついていきてくれなければバットも遅れますから、そこに追いついてきたかなという感じはあります」

――今の打ち方は、ブライス・ハーパー（ワシントン・ナショナルズ）を思わせます。

「ハーパー選手は好きですよ。下半身の使い方は、シーズン中からそういうイメージでした。踏み込んだ右足を、力が逃げないようにしっかりとボールへぶつけにいく感じですよね。僕には煽ってしまうクセがあって、振り幅が大きくなるとそれが出てしまう。そのほうが遠くへ飛ぶんですけど、150㎞のボールに対して高い精度で振れるかというと、どうしても軌道がズレて、バットがボールの下に入ってしまうんです」

――それは求める打ち方じゃない……？

「いや、どっちも求めてます（笑）。思い切り飛ばすんだったら、ブワーンって振ったほうが飛びますし、コンパクトに振れば確率が上がる。だから、フィジカルをちゃんとして、コンパクトにブワーンと振れれば長打も打てるし、率も残りますよね」

ストレートは速いに越したことはない

――ピッチングに関しては、ストレートの球速は165㎞を出しましたが、これ以上、速いボールは必要だと思いますか。

「そうですね。スピードボールには絶対的なアドバンテージがあるんです。何が有利かって、ボールが速ければバッターは振り出しを早くしなければならなくなる。そうすればポイントが前になって、バットを押し込めます。空振りは緩急の球速差とか球のキレでも取れますけど、浅いカウントから確実にファウルでカウントを稼ぐには、思い切り腕を振って、スピードボールを投げるのが一番いい。そのためにストレートは速いに越したことはないんです」

――でも、速い球を投げると、それだけ肩やヒジに負担がかかります。野球人生のことを考えれば、スピードを上げるよりも、右腕を柔らかく使って、キレのあるまっすぐをコントロールよく投げるほうがいいという考え方もあると思いますが……。

「スピードとキレ、僕は両立できると思ってます。実際、（アロルディス・）チャップマン投手（ニューヨーク・ヤンキース）の何がすごいって、あれだけ全身を使って170㎞近いスピードを出しているのに、確実に指先でボールの芯を叩けてるじゃないですか。今の僕にはそれができない。それだけの筋力も技術もありませんし、速く腕を振ったり、速く回転しようとすると、その方向に対する力が逸れてしまいます。キャッチボールなら芯を叩けても、強度が上がってくると、スピードは出ますけど叩くところが芯からズレて、シュートしたりカットしたりする。そこが合うようになって、強く振っても確実に芯を叩ければ、スピードもキレもあるボールが投げられると思ってます」

僕の中では、投打ともまだボヤついている

――打ってはハーパー、投げてはチャップマン……想いはもうメジャーですね（笑）。

「もう、みんな知ってますからね。自分の中にはずっと頭の片隅にあったことですし、かと言って1年後、確実に行くという話でもない。もう一回、優勝するために頑張りますし、できなかったことをやり切るのが今の目標です。その先の夢として、自分の人生を設計してみたら、メジャーでやってみたいよな、という話なんです」

――高校を卒業して入団するとき、栗山英樹監督は「大谷翔平をファイターズ大学で預かる」とおっしゃってました。実際、4年を終えて、いつでも卒業していいと言われたようなものだと思いますが、ご自身では何ができたら卒業だと考えますか。

「何ですかね……成績なのか、充実感なのか。ただ一つ、確実にやりたかったのは日本一になることだったんですけど、その目標は達成できたので、あとは個人としてどう感じるかという問題だと思います。この1年やってみて、行きたいなと思うのか、まだやり残していることがあると思うのか、そこは自分でもわからないですね」

――アメリカでも二刀流で勝負しますか。

「今は想像できませんけど、でも、やったらやったですごいと思いますし、そういう高いレベルでも（二刀流を）やってみたいなというのがもともとなので、やってみたいと

いう気持ちはもちろん、あります」

――プロ4年目を迎える前、「まだ21歳、もう4年目」と表現していましたが、「22歳、5年目」はどう受け止めていますか。

「22歳と23歳ってすごく違う気がするんです。だから22歳のうちに野球の基盤、プレースタイルを確立させたいなと思ってます。僕の中では、投打ともまだボヤついているんですよ。だから今は『もう22歳、もう5年目』ってことになるのかな」

⑦回想録——僕の少年時代

日韓共催のワールドカップで日本代表が決勝トーナメントまで勝ち進み、日本中がサッカー一色に染まった、あの夏。メジャー2年目のイチローは苦しみながらも2年連続の200安打へヒットを積み重ね、（讀賣）ジャイアンツの松井秀喜が自身初の50本へとホームランを量産していた。そんな2002年の夏——一人の少年が野球を始めた。

小学2年生の大谷翔平である。

「自分の周りではサッカー色はそんなに強くなかったですね。そりゃ、サッカーはボール1個あればできますから、昼休みにはみんなでサッカーをやってましたし、学校が終わってからも近所のお兄ちゃんやお姉ちゃん、友だちとやっていたのはサッカーでした。でもサッカーは遊び。真剣にやっていたのは野球です。もちろん野球も遊びですけど、僕の中での野球は一生懸命、真剣に取り組むものだという感覚がありました」

岩手県奥州市を流れる、胆沢《いさわ》川。その河川敷に、水沢リトルリーグのグラウンドがある。東北自動車道と水沢東バイパスに挟まれた、二面のグラウンド。65mのフェンスがあって、一面をメジャー（高学年）のパイレーツ（海賊軍）、もう一面をマイナー（低学年）のバンディッツ（山賊軍）が使っていた。当時、野球をやろうという近所の子どもたちは、ほとんどが小学校のスポーツ少年団に入って軟式野球をやっていたのだが、大谷は小学2年生からリトルリーグのマイナー、バンディッツに入って硬式野球を始めた。父が高校から社会人まで野球をやっていたこと、7つ上の兄が中学で野球部に入っていたこと、母や姉と一緒にいつも兄の応援に通っていたこと……大谷の周りにはサッカーではなく、いつも野球があった。

「だから、野球をやるのが自然な流れでした。はじめて団体で野球をやって、純粋に遊びの野球として、すごく楽しかった。何もない状態からスタートして、できるようになることしかない。だからおもしろかったし、年上のお兄ちゃんたちについていって、負けたくないなと思ってやるのもおもしろかったですね」

ヒョロッとして華奢《きゃしゃ》だった大谷だが、2学年上の子どもたちの中に入っても目立つほど背は高かった。ちょっとやってみるかと言われて外野を守れば、フライをスポッと捕ってみせたり、走らせれば年上の子より足が速かったり、ボールを投げてみれば行き先はメチャクチャでも、強いボールを投げられた。小学2年生の野球はボール遊びの延長ではあったが、そんな中でも大谷の能力は抜きん出ていた。大谷が当時を振り返る。

「子どもの頃って、2年違えば体力的にも、投げる、打つ、捕るにしても力量差があって、すごく上の存在でしょ。ちょうど同じ日に、1つ上の近所のお兄ちゃんとチームへ入ったんですけど、一緒にキャッチボールをしたら自分よりも上手くて、それが悔しかった。こういうところで負けたくないなと思いましたし、世の中にそういう存在がいるんだということは、同い年や年上の子がいる団体の中で野球をやってみて初めてわかることですから……それは、お父さんとのキャッチボールだけじゃ、わからないことでしたね」

規格外だった大谷の打球

小学生の先輩、後輩といっても、シビアな上下関係などあろうはずがない。上級生は大谷を「翔平、翔平」と言って可愛がり、大谷のほうは年上のお兄ちゃんたちを君付けで呼んで、一方的にライバル意識を燃やしていた。練習でピッチャーをやらせてもらって、年上にいい当たりを打たれれば、それを悔しがった。

「打たれて、悔しかったのかな……でも、悔しさよりも次の週末が待ち遠しいという気持ちのほうが強かったと思います。走ったり、連休がずっと練習だったりとキツいこともありましたけど、それをイヤだなと思ったことは一度もありません。あの頃は水泳もやっていて、それも楽しかったけど、自分の中ではゆくゆくやっていくのは野球だろうなと思ってました」

いつしか大谷は2学年上の子どもたちと互角に渡り合うようになる。キャッチボールをすれば、みんなが助走をつけて投げ上げ、ツーバウンド、スリーバウンドでやっと届く距離を、立ったまま、ライナーのノーバウンドで投げた。打てば、ライトの向こうを流れる胆沢川にボールをポンポン放り込んだ。1個750円もする硬式球を次々と台無しにされてはかなわないと、大人たちが川の手前に植えられた木の枝に手作りの〝翔平ネット〟を結び付けた。しかし、それがまったく役に立たないほど、大谷の打球は規格外だった。

「はじめから、ある程度は投げられて、打てて、というところでは、周りよりはできるという自信はありました。でもそれは、それこそ本当に小さい、水沢リトルという小さな枠の中でのことでしたからね。他の子よりできたとしても、それは僕が物心つく前からお父さんやお兄ちゃん、お母さんともキャッチボールをしてきたからでしょうし、早く野球をはじめて、単純にボールを扱ってる時間が他の子たちより長かったからだと思ってました。ただ、最初からあったそういう自信が、その後も継続して積み重なって、さらに広げたいなという気持ちにつながったのかもしれません。ですから、最初の自信というのは大事でしたね」

全国にはもっと上がいるんだと思い知らされた

低学年のバンディッツから、高学年のパイレーツに入って、さっそく試合に出た。6年生のときには、岩手県で大谷のボールを打てるリトルの選手はいなかったのだという。バッターとしてもホームランを量産。県大会のホームランダービーでは、各チームで4番を打つ中学1年の選手たちが力んで、15スイング中3本が最高だという中、6年生で11本のホームランを打ってみせた。試合でも、大谷が打席に入ると外野手だけでなく、内野手も下がって守った。大谷の打球が強すぎて、危険だったからだ。

水沢リトルは、大谷が5年生のときに東北大会へ初出場。準決勝まで進んだものの、あと一歩で2チームに与えられる全国大会への切符を逃した。そして、6年生のときにはベスト4で敗れてしまう。リトルリーグの試合に出られるのは12歳までなのだが、大谷は中学1年まで試合に出ることができた。その最後のチャンスで、水沢リトルはついに東北大会を勝ち上がり、全国大会への出場権を勝ち取る。大谷は水沢から岩手へ、岩手から東北へ、そして全国という大海へ、初めて泳ぎ出たのである。

「全国へ出るという目標をもって練習してきて、それを達成したときは今までで一番と言っていいくらい嬉しかった。5年生、6年生のときにはすごく悔しい思いをして、そういう悔しい経験がないと嬉しい思いもできないんだということを知ることができました。ただ、全国大会には出ましたけど、千葉のチームに1回戦で負けましたし、相手のピッチャーが僕よりもいい球を投げていて、相手の4番バッターが僕よりもいい打球を打っていた。その1回戦で負けた相手が次の試合であっさり負けて……そういう現実を見せつけられたら、やっぱり僕はたいしたことないんじゃないかなと思いました。僕はしょせん、狭い範囲で野球やっているんだな、岩手では大谷、大谷と言われても、そんなの、それこそ小さな枠組みの中の話で、全国にはもっともっと上がいるんだなと思い知らされました」

大谷が小学5年生だった2005年、プロ野球の世界では、千葉ロッテマリーンズが日本シリーズを制した。そして6年生になる2006年の春には第1回のWBCが行なわれ、イチローがチームを引っ張って日本代表は世界一に輝いた。大谷が中学1年で全国の舞台に立った2007年には、松坂大輔がレッドソックスへ入団し、日本中を大騒動に巻き込んだ。

「イチローさんも松井（秀喜）さんもそうでしたけど、子どもの目には、国内のスーパースター、トップの人たちが大リーグへ行くという流れが映っていましたし、大リーグのほうが大きく見えましたね。でも、自分がそこを意識したのは、実際に大リーグの球団から欲しいと言ってもらえてからの話で、あの頃は、マリーンズの今江（年晶）さんのマネをしてました。打つほうでは今江さんのタイミングの取り方にハマってたんです（笑）。ピッチャーのほうは、松坂さんのワインドアップでした。ホークスの斉藤和巳さんやファイターズのダルビッシュ有さんのマネもしましたね。パソコンが家に来てからは、それこそずっとYouTubeを見てましたし、いろんな人の投げ方を見ながら、ああでもない、こうでもないと考えてました。で、何かが閃いたら障子をあけて、窓に映る自分を見ながら、フォームをチェックするんです」

僕は〝羽生世代〟です

トップレベルの日本人選手がメジャーへ行き、ＷＢＣで日本代表が世界一になり、インターネットを通じて世界中の野球を覗くこともできる――大谷はそんな環境で育ってきた。高校時代に１６０㎞を投げ、いったんは高校からのメジャー行きを公言して世の中を驚かせ、プロでは〝二刀流〟に挑んでその名を全国へ轟かせた。プロ２年目にはベーブ・ルース以来、96年ぶりという〝同一シーズンの2桁勝利と2桁ホームラン〟を達成し、２０１５年は〝投手三冠〟に輝くなど、今や１９９４年生まれを代表する存在となっている。

「いやいや、だから僕は〝羽生世代〟ですって。これは真面目な話です。だって、国内だけですから……北海道だけですよ。明らかにそうじゃないですか。ねぇ、僕は羽生世代ですよね。羽生君は、確実に自分の世界を持ってます。受け答えを聞いていても、自分の価値観みたいなものを持ってるでしょ。僕にはそういうところがないんで……羽生君は自分のことを言えるけど、僕は恥ずかしくて、とてもそういうことは言えません」

でも、いずれは大谷世代になるのでは――。

「それは、僕が決めることじゃないから（笑）。そんなの、羽生君が『自分は羽生世代だ』って言っているようなもんじゃないですか。そういうことを羽生君は絶対に言いませんし……だから僕は、『羽生世代だ』って言うんです」

野球を始めてからずっと、大谷翔平は〝今日、できることをした〟という小さな自信を積み重ねて、ここまできた。その自信が岩手から東北、東北から日本への道を作り、今、彼を世界への扉の前に立たせている。いずれ大谷がメジャーの舞台でトップに上り詰める日が来ても、彼は「僕は羽生世代です」と繰り返すだろう。しかしそのときにはきっと、羽生結弦がこう言ってくれるに違いない。「僕は大谷世代です」と――。

野球翔年

2017

故障と試練の先に

①届かなかったWBC
「僕にとっては憧れみたいなものでした」

右足首に不安を抱え、投手としてWBCの出場を辞退していた大谷翔平の欠場が正式に決まった。右足首の状態はどうなのか？　いつから痛めたのか？　様々な憶測が飛び交うなか、大谷自身が出場辞退に至るまでの経緯を明かした。

――野球がうまくなるのはオフだと言って、毎年、その時期の練習を楽しんでいる大谷選手ですが、もしかしたらこのオフは右足首に不安を抱えて、楽しくないオフになっていたのでしょうか。

「そんなことはないですよ。そういう（右足首に不安を抱えた）状態でも、できることはたくさんあったので、右足首はよくなると信じてWBCへ向けての調整をしてきましたから……実際、状態がよくなって、かなり思うように動けるときもありましたしね。ただ、その状態が続かないというか、なかなか一定しませんでした」

――軸足となる右の足首の後ろ側、アキレス腱の下あたりにある〝三角骨〟に骨棘《こつきょく》（骨のとげ）があって、それが痛むということだと聞いていますが……。

「はい、そうです」

――痛むのはどの瞬間だったんですか？

「投げにいくとき、ちょうどリリースする瞬間ですね」

――最初に痛めたのは、昨年の日本シリーズで一塁へ駆け込んだとき？

「そうですね、そこがきっかけでした。ただ、足首については、僕の場合はもともと緩かったので、テーピングをしてプレーすれば支障がないことも多かったんです。なので、そのあとのオランダとメキシコとの（侍ジャパン強化）試合では、ピッチングをするのは厳しいかなという状態でしたけど、十分、走れたので、だから野手で出場させてもらいました。でも、そこでまた悪化させてしまって……ゲームだと、痛くても走っちゃうものなので……そこは難しいところです」

――打つこと、走ることは可能という判断だったということ？

「もちろん骨棘があるのはなにも変わらないわけですし、そう考えると、ランニングも打つことも、それなりの負担はかかってきます。でも、骨棘があっても収まりがいいと、痛むこともなく動ける状態というのがあって、それが日本シリーズ前の状態でした。痛みが出てくるというのは、骨棘の収まりが悪くてぶつかるという状態なので、収まりさえよくなってくれれば、ＷＢＣにも出られるんじゃないかという判断で、ここまで引っ張ってしまいました」

——年明け、ダルビッシュ有選手とトレーニングしたとき、キックボクシングをしていたのもよくなかったのではないか、などという話も取り上げられていますが、それも影響はあったんですか。

「いや、あのときは足首の状態はよかったんです。そもそも（キックボクシングも）アップみたいなものだったので、それほど（強度が）強いわけでもなかったですし、きっとよくなると思ってずっとやってきて、実際によくなっていた時期だったので……」

——骨棘というのは、そのとげが収まって神経に触らないでいてくれれば痛みが出ないと聞いたことがあります。そういう状態が続けば、ある意味、ごまかしながら動けちゃうということにもなりますよね。

「そうですね。ただ、（とげは）あるということに変わりはないので、結局、痛くないように投げたり、痛くないところを探してしまって、そういうことが原因となって他のところに（痛みが）来ることもありますから、やるに越したことはないですし、取るに越したことはないんですけど、難しいですね。シーズン前なだけに……」

——えっ、やるって、手術を？

「どうなんですかね。状態によると思うんですが……痛みは、今日（２０１７年２月２日）は全然、問題なかったです。ただ、よくなると思ってここまでトレーニングであったり、いろいろな治療であったりとかを含めて、（ＷＢＣの１次ラウンド初戦、キューバ戦が行なわれる）3月7日に向けて、どのくらいまでピッチングができる状態に持っていけるのかを探りながらずっとやってきましたけど、状態はよくなりませんでしたし、最悪、こうなる（WBCに出られない）だろうな、ということは頭の中にはありました。実際、痛みが引かなかったら手術になるだろうという話もしていましたし、もしWBCがなかったら、去年の段階でもしかしたら手術ということになっていたかもしれません。でも、そうは言っても（WBCには）僕も出たかったですし、状態がよくなって、それが続くようなら手術する必要もなかったので……」

これじゃ、間に合わないと思ったんです

――今回、WBCでピッチャーとして登板するのは難しいということを侍ジャパンに伝えるにあたって、その決断に至らしめた出来事は何だったんですか。

「まず、調整が遅れているということです。遅れているどころか、投げられませんでしたから。3月7日に合わせるとしたら、キャンプの時期も含めて、最低でも4から5試合は投げていかないといけない。そこから逆算していって、じゃあ、ブルペンではどのくらいのペースで作っていかなきゃならないのか。そう考えたときに、これじゃ、間に合わないと思ったんです。あまり（決断を）引っ張りすぎても、僕の代わりに出場する人もいるはずですし、ピッチャーと野手の枠の問題もありますから、遅くともキャンプ

に入るくらいがギリギリのラインだろうと……そこまでには決めなきゃいけないということを、チームのみんなでもともと決めていました」

──1月20日にブルペンに入って、キャッチャーを立たせたまま、22球を投げました。ブルペンに入ってみたということは、そのときの感触はまだよかったんですか。

「いやぁ、どうですかね。そんなによくはなかったですよね。足の状態もよくなかったですし……」

──結局、その日を最後にブルペンに入ることはできませんでした。

「そうですね。これはまだしばらくは投げられないんじゃないかなと……そうすると、とても3月7日に投げられる状態にまでは持っていけないんじゃないかと思いました」

──それでも、侍ジャパンに伝えたのは、WBCへの出場辞退ではなく、あくまでピッチャーとしては投げられないということでした。バッターとしては出られる可能性を感じていたんですか。

「バッティングでは痛みはそんなに出ませんし、気になるほどではありません。ですからバッターとしてはできるんですけど、なんせ走れない。もともと走ることでケガをしたので、走る強度をどのくらいまで上げられるかというところだと思っていました。ただ、こればっかりは、投げられないから、じゃあバッターで、という簡単な話じゃないと思うんです。そもそも僕はピッチャーとして選んでもらってましたし、バッターとしては起用されるかどうかもわからない。ピッチャーとして、ということが大前提で、バッターとして出る、出ないということは僕だけでは判断できないところもありました。ですから、ピッチャーとしてはできないということを決断して、それを伝えてもらったんです」（その後、小久保裕紀監督は大谷選手の状態を気遣って、メンバーから外すと明言した）。

軽い気持ちではいけない

――つまり、小久保監督からバッターとして必要だと言ってもらえたら出る覚悟だったということですか。もし、バッターとしてWBCに出たら、ピッチャーとしての調整ができず、シーズンの開幕どころか、前半戦、ピッチャーとして間に合わなくなるというリスクもあったと思いますが……。

「そこが難しいところなんですよね。全部を円滑に回すというのが不可能な状況なので、どこかを切り捨てなければいけない。だからみんなで模索して、どれがベターなのかを探してきたんです。自分のチームだったらいろいろと相談しながらできるかもしれませんけど、日の丸を背負っていますし、そういう軽い気持ちではいけないという気持ちはありました。60～70％の状態だったらマウンドに行って投げられたかもしれませんけど、それをやってはいけないと思ったんです。そう考えて、今回はピッチャーとしては投げられない、投げてはいけないという判断になりましたし、そこはバッターとしても同じだったと思います」

——日の丸が重かったんですね。

「僕にとっては憧れみたいなものでしたし、選んでもらって、本当に嬉しかった。期待してもらっているのは伝わってきましたし、どうにかならないものかなと思っていましたから、今は申し訳ないなという気持ちが大きいです」

ケガをどういうふうに捉えるか

——今のこういう状況で、それでも前を向くために、自分で自分をどう励ましていますか。

「どうなんですかね……足首、よくなってくれ、としか言いようがないですね」

——思えば去年のクリスマスのとき、サンタクロースにお願いするとしたら何が欲しいかと訊いたら、「時間が欲しい」と答えていました。

「サンタクロース、(時間を)くれなかったですね。刻々と、ここまできちゃいました」

——野球の神様の存在を信じている大谷選手ですが、このタイミングでのケガは、何のための試練だと受け止めていますか?

「いやぁ、ちょっとまだ、そんなふうには思えないですね。4年に一度の大会だっただけに、(気持ちを整理するのは)難しいものがあります」

――高校時代もケガで投げられなかった時期があって、今もそうですけど、それは大谷選手の中では、立ち止まっている感じなのか、長い野球人生の中で三歩進むための二歩後退という感じなのか、どちらですか。

「ムダな練習はない、ということと同じじゃないですか。練習って、それがよくない練習法だったとしても、のちの自分にすごく生きてくるということがあるんです。だとしたら結果的にその練習は失敗じゃないし、ムダなことではなかったという捉え方がある。ケガをするのは決していいことではありませんけど、プレーに対してより考えるようになったり、プレーに深みが出てくるということもあるかもしれません。ですから、もしかしたらいいほうに転んでくれる要素がそこにあるかもしれない。今はどちらとも言えませんし、そんなのケガした人がいいように捉えているだけだと言われたらそれまでなんですけど、少なくとも自分でそうやって捉えるのは大事なことだと思っています」

②どこまで打つのか、いつ投げるのか

とにかく、打ちまくった。

2017年のシーズン、開幕からファイターズのDHに収まった大谷翔平は、ライオンズとの3連戦で12打数8安打を記録、ホームラン1本を放った。右へ左へ、バットを振れば打ち出の小槌の如く、ヒットが飛び出す。続くマリーンズとの試合でもとんでもない飛距離のホームランを打つなど、バッターとしての大谷はプロ5年目、素晴らしいスタートを切った。その大谷は開幕直前、バッティングについてこんなふうに話していた。

「慣れもあるのかもしれませんけど、去年のシーズン中はボールがよく見えていました。だから、やれることが増えましたね。たとえば追い込まれてから、変化球を待ちながらまっすぐが打てたり……これはこの2、3年、やりたくてもできなかったことだったんですけど、去年はできた。そうやってできることがちょっとずつ多くなっている感じは

あると思います」

　このオフ、大谷が意識していたのは振り出しをギリギリまで遅くして、ボールに対してコンパクトにコンタクトできるよう、振り幅を小さくすることだった。それはピッチャーとしての大谷が、ボールを手元まで引きつけて打つタイプのバッターをイヤだと感じたことがきっかけになっていた。

「投げててそれを感じるのはライオンズの（エルネスト・）メヒア選手です。今、それが一番できてるバッターなんじゃないですか。もちろん、そうやっていろんな人の構え方、打ち方を見てますけど、今の自分の構えは最終的にはオリジナルなものなので、もうちょっとこうしたほうがいいよな、ここを変えようかなと自分で考えた結果、辿り着いたものになってます」

　オープン戦はイメージ通りにできている打席が多く、凡打を含めても満足できる打席が多かったと大谷は言っていた。だから、と続けて、バッターとして迎える開幕について、彼はこんなふうに表現していた。

「楽しみっちゃ、楽しみですね。今は単純に打つことしかできないので、去年から継続してやってきたこと、オフの間に取り組んでいたことが、開幕から1カ月でどのくらいできるのか、ワクワクしています。まずはバッターとして1カ月やってみて、それからその先を決めたいなと思ってます」

　その先、とは――。

「だいたい、そのくらいにピッチャーとして帰ってきたいなというのはありますね」

ピッチャーとしての大谷は、開幕には間に合わなかった。それは右足首の後ろ側、アキレス腱の下あたりにある〝三角骨〟が骨棘となって飛び出し、それが今も痛むからだ。程よく収まっていた三角骨が突然、暴れ出したのは昨年のことだった。

「きっかけは、日本シリーズで一塁へ駆け込んだときでした。ただ、足首はもともと緩かったので、テーピングをしてプレーすれば支障がないことも多かったんです」

だから昨秋に行なわれた侍ジャパンの強化試合に、大谷はバッターとして出場。特大のホームランと天井に消えるツーベースを放って、世の中の度肝を抜いた。しかし、その試合でも一塁へ駆け込むプレーで右足首を悪化させ、結局、ピッチャーとしてはWBCにも、シーズンの開幕にも間に合わせることができなかった。大谷は言った。

「WBCに関しては、とくに切り替えてないです。もちろん出たかったですし、やりたかったというのが本心なので、出られなかったことに関しては今でも悔しさはあります。もう切り替えました、という気持ちはありません。ただ、今はもう、投げたいし、ピッチャーをやりたいしっていうのが僕の気持ちなので……」

楽しみにしていたWBCに出られなかった悔しさは、切り替えようとして切り替えられるほど簡単なものではない。その悔しさを抱えたまま、シーズンを戦う……大谷はその覚悟を決めた。とはいえ、右足首には依然として骨棘は存在し、今もなお痛みは残る。正座はできないし、寝返りをすれば痛む。高いところにあるものを取ろうと背伸びをすれば、その動作にも痛みを伴う。ジャンプをすれば、痛くないように左足を使ったりヒザを曲げることによって痛みを逃がそうとしてしまう。

これをピッチングに置き換えれば、足首の痛みを逃がすために、肩やヒジに余計な負担がかかることだってあり得るのだ。実際、ＷＢＣに向けて準備をしていたときには、足首を庇って太ももの裏に張りが生じたりもした。そういうことも考えれば、無理をしてピッチャーをやる必要はないのではないかと、つい考えてしまう。思えば今年になってすぐ、栗山英樹監督はこんなことを言っていた。

「１４３試合、すべてバッターで出たら、どのぐらい数字残るのかなと……可能だよね。ＤＨでずっと出て、ピッチャーのときはリアル二刀流にすればいいんだから。１４３試合、バッターとして全部出て、三冠王を獲りながらピッチャーとして20試合に先発して15勝する、みたいな……」

それじゃあ1年間、楽しくない

バッターとして全試合に出る——今なおピッチャーとしての評価がバッターとしてのそれを上回る大谷の、バッターとしての真価を世界中に示したい。栗山監督にはそんな想いがあるのかもしれない。ならば、今シーズン、ピッチャーとしての大谷に無理をさせる必要はない。そう思って、改めて栗山監督に訊いてみた。今年はピッチャー大谷を封印してもいいのではないか、と……すると栗山監督は、苦笑いを浮かべながらこう言った。

「もちろん、バッターとして全試合に出る翔平は見てみたいよ。でもそれじゃ、アイツの心がもたないかもしれないからね」

大谷の心――それは、彼のピッチャーへの思い入れを指していた。実際、大谷もこんな話をしている。

「ピッチングをすれば、痛みは出ます。出るんですけど、それでも投げたいですね。痛みが出るといっても、まったくもって投げられませんというわけでもないので、庇えば投げられるかもしれませんし……シーズン中にこの痛みが完全に消えてなくなるということはほぼ、ないと思うので、なんとかつき合いながらやっていくしかないと思っています。僕の感覚と、やらせてもらえる感覚とは違いますけど、そんなに時間をかけるつもりはありません。打って、投げるのが一番、楽しいので、バッターとしてずっと試合に出ていても、たぶん、いつ投げられるのかなということしか考えないと思うんです。いつということが決まらないのはモヤモヤしますし、それじゃあ1年間、楽しくないじゃないですか」

バッターとして飛び抜けた数字を残すだけの才能がある。そして、ピッチャーをやれば足首が痛む。ならば今シーズンは投げることを封印して、打つことに専念すればいいと割り切ってしまえるほど、大谷にとっての二刀流は安易なものではなかった。確かに三角骨の骨棘という原因がわかっていて、その痛みは選手生命を脅かすような類のものではないのかもしれない。投げられないほどの痛みが出なければ、あるいは痛みを庇って他に負担がかからないのならば、投げたいと言い張る大谷の気持ちもわからなくはない。

本心としては、全部、やりたい。投げて、打って、走りたい

しかし、大谷の野球人生は長い。今年はバッターとしてチームに貢献し、メジャー行きは先送りにしたっていいじゃないか。オフに右足首の手術を受けて、右足首に不安のない状態で来年、二刀流の集大成を目指せば、夢はあとからついてくる。そう思っていたら、栗山監督がこう言った。

「翔平にはピッチャーに対する不安があるからね。ピッチャーとして投げなければそれをクリアできない。好きだからやりたいというだけじゃない。苦手だからこそ、やらなきゃいけないという気持ちはどこかにあるはず。バッターはいつでもできる、ピッチャーはそうじゃないという気持ちがあるんだと思うよ。だから、アイツのメンタリティが限界を超えて爆発する手前を見極めなければならない。これ以上はダメだというのは、見てればわかるからね」

右足首を庇っていたせいか、大谷は4月8日、左太ももの裏を痛めて約1カ月の戦線

離脱を余儀なくされた。ピッチャーとしての復帰はますます現実的ではなくなっている。そんな中、指揮官は大谷の心のバランスをいかに保つのか。そして大谷は何を思うのか……そのヒントは、大谷のこんな言葉の中に垣間見える。

「僕の本心としては、できることなら全部、やりたい。投げて、打って、走りたい。その気持ちは監督の言うことに『ハイ』と言っているだけでは伝わらないと思うんです。だから、難しいとわかっていても『僕は出たいです』ということは伝えなきゃいけないと思ってます」

逸《はや》る気持ちをどこまで汲み取り、どこで手綱を引くのか。開幕で躓《つまず》いた指揮官は我慢を強調する。そして大谷はそれ以上の我慢を強いられるだろう。５年目の二刀流は、波乱の幕開けとなってしまった――。

③ こぼれた笑み

指揮官の声は怒気を孕《はら》んでいた。

「今日の翔平のバッティング練習、今までと全然、違うからね。魂がない。野球選手になってないでしょ。ビックリしたよ。もっとテンションを上げさせないと、自分でいけるときがわかんなくなっちゃう。本人はわかってないと思うけど、身体に行く気がないんだよ。野球と向き合えてないんだ、ケガと向き合っちゃってるから……」

２０１７年６月23日の札幌、イーグルス戦。

試合前の大谷翔平のバッティング練習を見た直後、栗山英樹監督は一気にこうまくし立てた。この日、大谷は一軍復帰を果たしたばかり。４月８日、走塁の際に発症した左太もも裏の肉離れで戦列を離れて以来、２カ月半にも及ぶリハビリを強いられていた。こんなに長くかかるのは、栗山監督にとっては想定外だった。

だからなのか、交流戦を終えてリーグ戦が再開されたこの日、栗山監督は半ば〝強引〟に大谷を一軍へ登録した。二軍ではピッチャーとしてはもちろん、バッターとしても試合に出ていない。スパイクを履いて全力でベースランニングもできないという状況下での一軍昇格に、チーム内からも疑問の声が湧き上がった。それでも指揮官は大谷を一軍へ呼んだ。それはいったい、なぜだったのか。

「オレの背中を、百人が引っ張ってる。『監督、まだ早い』『まだ万全じゃない』って（苦笑）。もちろん身体に負担がかからないことは前提だよ。ただ、万全になるのを待ってたら、最後まで行けなくなっちゃう。そもそも万全なんてことはあり得ないからね。この時期、みんな、いろんな痛みを抱えてプレーしてるんだから……」

早すぎる一軍登録の理由

病院での検査をクリアし、トレーナーの管理下からも外れたとなれば、野球はできる。大谷がメジャー行きを見据えた球界の宝であることは誰もが知るところだし、万が一のことがあったらと考えれば誰もが慎重になってしまうだろう。しかし、そういう空気が大谷に伝われば、知らず知らずのうちに大谷自身も怖がるし、あっという間にシーズンは終わってしまう。だから、と言って栗山監督はこう続けた。

「万全を期すんだったら、今年、最後まで何もしなければいい。でも、それじゃ、翔平のためにならない。このままズルズル待ってたら、ムダな時間を過ごすことになる。万全じゃなくても、それをいかに前倒しするか。そういう知恵と努力があってのプロ野球であって、だからこそ周りがそういう空気を作らなきゃならないし、翔平をそこへ向かわせることが大事なんだよね。登録はしたけど、オレ、ほとんど行かないよ。本人が行きたくて行きたくて仕方がなくなるような、グワーッとくる状態まで上がってくるのを待つつもり。使うことありき（の一軍登録）じゃないからね」

大谷が登録されたイーグルスとの3連戦で出番がなかったのはそういうわけだった。そこで代打に起用されてもおかしくない場面はあったが、栗山監督は動かなかった。その采配には、『一軍に登録した以上は使うべきだ』『万全じゃないなら登録すべきじゃない』と、批判の声も上がった。しかし、この登録には指揮官の明確な狙いがあったのだ。大谷もこう言っている。

「一回、走りで（太もも裏の筋肉を）切ってるので、怖さはあります。右足首（三角骨の骨棘）の影響もなくはないので、どちらもケアしながら、自重してやるのがいいんじゃないかなと思ってます。それにまだバッティングピッチャーの球も速く見えてるので、そんなに簡単ではないと思います……」

栗山監督に一軍登録を告げられたとき、大谷は珍しく「すぐに結果は出ないかもしれません」と不安を口にしている。2カ月以上も試合に出ていないのだから無理もない。それでも異例ずくめの一軍登録に踏み切ったのは、栗山監督ならではのこんな狙いがあったからだ。目の届くところに置くことで指揮官自身、大谷の身体の状態に敏感になること。チーム全体が臆病になっていた大谷の復帰時期について、自らが先頭に立って何とかしようという空気を作っていくこと。一軍という戦いの場に加えることで、先の見えない不安を抱えていた大谷の心と身体に火をつけること。逆転優勝をあきらめず、起爆剤としての大谷の起用法を模索すること。バッターとしての大谷が今すぐにでもチームの力になることは、そのポテンシャルからすれば疑う余地も不安もない。そしてもう一つ、最大の狙いが、今シーズンのうちにピッチャーとしての復帰を果たすこと――栗山監督は今年の開幕前、こう言っていた。

「翔平にはピッチャーに対する不安があるからね。もっとやらなきゃいけないことをわかっているから、ピッチャーとして投げなければそれをクリアできない。だから翔平のメンタリティが限界を超えて爆発する手前を見極めなければならない」

　バッターとしての復帰を果たしたとしても、ピッチャーとして復帰する道筋が見えてこなければ大谷の心は満たされない。一軍に登録されてバッティング練習をしていても、栗山監督に「魂がない」と見透かされてしまうのは、大谷がピッチャーに対する不安を抱えたままだからだ。そこで指揮官は、次の一手を打つ。

「翔平にとってはピッチャーとして何もしないでいることが不安だし、怖くてしょうがないんだろうね。だから、まだバッターに意識が向かない。でも、本人の意識がピッチャーにあるなら、なおさらバッターとして一軍に上げて、実戦の中で身体の状態を一度は上げておかないと、そこまで辿り着かないでしょ」

半年ぶりの実戦で見せた、満たされた笑顔

7月1日の鎌ケ谷。

大谷はこの日、二軍の公式戦で先発のマウンドに立った。ピッチャーとしては昨年の日本シリーズ以来となった実戦での登板は、これまた異例ずくめ。一軍登録のまま戦列を離れて二軍に合流し、投げるのは1イニングだけ。ブルペンのピッチングだけでいきなりバッターを相手に投げるのは、あまりに段階を踏んでいな過ぎる。しかも試合前に強い雨が降り、マウンドもぬかるんでいた。それでも栗山監督は〝ピッチャー大谷〟にゴーサインを出した。

その初球、大谷はリミッターを外し、現状で許される限りの力を込めて、ストレートを投げ込んだ。157㎞——指にかかったボールは、思った通りの軌道を描いてアウトローに決まり、大谷の心を満たした。その後は不安な足下に対して持ち前の防衛本能が働き、力を抜きながらの23球。空振りの三振を奪い、ホームランを打たれた。それでも登板を終えた大谷は、久々に曇りのない笑顔を浮かべていた。

「半年ぶりの実戦だったので、バッターに向かってストライクゾーンで勝負できればいいんじゃないかなと思ってました。抑えた、打たれたという結果がついてくるのは練習ではないことですし、次に向かって課題をクリアしていくというのはすごく楽しいこと

だと思います」

万全でなくとも、全力で走れなくとも、一軍でバッターとして打席に立ち、ピッチャーとして復帰する道筋をつけながら、心と身体を戦いの場に相応しいレベルにまで引き上げていく。チーム状態を考えれば、大谷にここまでの気遣いをすることは士気を下げるという考え方もある。それでも、火がついたときの大谷が奇跡を呼ぶ可能性を、チームの誰もが否定できない。大谷のプロ5年目をリハビリだけで終わらせないために——

すべては栗山監督の計算のもとに進められている。

④2017年後半展望
——100％でやれなくても

——長くケガと戦う前半戦でしたが、ここまでの流れをどう感じていますか。

「前半戦は8試合くらいで離脱してしまったので、とくに流れも何もなかったんですけど……こうして復帰できているので、まぁ、よかったんじゃないかと思います」

——まだ全力で走れない、二軍での試合にもほとんど出ていないという中、異例ずくめの一軍復帰だったと思いますが……。

「それは僕が決めることではないので何とも言えないんですけど、100％じゃないというのはその通りですし、その中で（一軍に）呼ばれたからには、しっかり活躍したいなという思いはありました」

——万全とか、100％の定義は難しいと思います。栗山（英樹）監督は「万全を待っていたらシーズンが終わってしまう」と話していましたが、監督からの話はどんなふうに受け止めているんですか。

「それは、実戦の勘というものを（一軍の）ゲームに出ながら上げていってほしいという監督の判断だったと思います。ただ、１００％というか、左足の肉離れに関して言うなら、健患比の割合が70から80％くらいまで上がってくれれば再発しない確率が高くなるというデータもあったので、そこまではしっかり待ってから行くべきだというトレーナーの判断もありました」

――監督とトレーナー陣との判断はうまく折り合いがついたということですか。

「もともと、まったく逆のことを考えなければならない話なので……早く一軍へ上がれば上がるほど再発のリスクは高くなりますし、他の部位への負担も大きくなってくるので、トレーナーとしてはあまり勧めないという判断があって、結果、この時期の復帰になったのかなと思っています。実際、現状で再発はしてませんからね」

実戦でしか養えない感覚

――もっと早く行けたとか、少し早過ぎるという感覚はいかがですか。

「とにかく一番よくないのは、またケガをすることでしたし、そうなった時点で今シーズンは無理になってしまいますから、打てる打てないとか、抑える抑えないとかじゃなく、そこ（ケガの再発防止）だけを見るならいいタイミングだったと思います」

――打てる打てない、抑える抑えないということを考えられない中で試合に出なければならないというのは難しくないですか。

「自分に何らかの制限をかけなきゃいけないというのはなかなかしんどいことですけど、それでも出られなかったときに比べれば大きな前進じゃないかなと思ってます」

——復帰の過程で万全じゃない自分をファンに見せなければならなくなる……それが嫌だという気持ちはありませんでしたか。

「そりゃ、嫌ですよ（苦笑）。もちろん気持ちのいいものではないですし、難しいなとは思いますけど、それを決めるのは監督ですし、僕は監督の期待になるべく応えられるよう、努力していきたいと思ってます」

——ということは、まだ出たくないという気持ちも少しはあったということですか。

「出たくないという気持ちはなかったんですけど、出ていいのかなって気持ちはありました。やっぱり一軍ってそういう場所じゃないと思いますし、結果を残せて、勝ちに貢献できる選手が、万全な状態でちゃんと仕事をするところかなと思っているので……僕はまだ全力で走れないし、感覚もよくない。そういう中で出ていいのかなという気持ちはありました」

——それでも試合に出ることでしか得られないものがある、ということですか。

「それは個人的にはあります。一軍の試合は強度が違うので、身体への負担がまったく違います。バッターとして言うなら、ピッチャーとの感覚は実戦でしか養えません。マシンを打つのとは比較になりませんし、ピッチャーとしては一軍の試合で投げるのはモチベーションが違います。ブルペンでキャッチャーを相手にいくら思い切り投げてもせいぜい150㎞くらいかなって感じですけど、バッターが立てば5、6割の力で投げても150㎞が出ますからね」

――そういう段階でありながら、大谷選手が試合に出るとなれば、低迷するチームの起爆剤としての役割が期待されますよね。

「うーん……まだそこまでは行ってないというのが正直なところです。試合には出てますけど、復帰してちょっとしか経ってないですし、チームの勢いを変えるところまでは……今は復帰の段階を考えて出してもらっていると思うので、少しでも早くもともとの自分の感覚を取り戻したいと、それだけを考えています」

ケガと向き合っている間は、まったく野球は見なかった

――ケガと向き合っていた2カ月半は、どんな毎日を過ごしていたんですか。

「この4年間、こういう経験をしたことがなかったですし、試合に出るのが普通だったので、なんだかモヤモヤしてましたね」

――モヤモヤすると、どうなるんですか。

「とにかく何も考えないように……一軍の試合を見てもどうなるわけじゃないし、焦る気持ちが出てくるだけなので、見ないようにしてました」

——えっ、試合、見てなかったんですか。

「見てないですね」

——でも他の選手の動画を見たり、そういうことは変わらずにしていたんですよね。

「全然、見ていなかったです。まったく野球は見ていないですね」

——今まで、あんなに野球だらけの毎日だったのに……。

「だから、まずはやれることだけに集中しようと思いました。肉離れの内出血が収まらない段階では動くこともできなくて、冷やすだけ。最初の2週間は寮でごはんを食べるにも、座ることがしんどかった。それからしばらくの間は、起きて、お風呂の（温冷）交代浴で血行をよくすることしかできませんでした。ホント、寝てるだけのヒマな一日を過ごしてましたよ」

——何のための試練だろうとか、そういうことは考えませんでしたか。

「ケガすると逆にいろんなことを考えられるとかって言う人もいますけど、まったくそんなことはなかったです（苦笑）。ケガをするのは、まったくよくないことなんだということだけは学びました」

——ケガした直後は、こういう時期を通じて深みが出るかもって話してましたよね。

「そんなことはなかったです（笑）。やっぱりケガはするものじゃないし、だからこそケガをしないような準備をしなければならない。このケガをいいように捉えられるところは一つもなかったですね」

——実際、一軍に戻ってからは思うような結果が出ていませんが、難しいと感じているのはどういうところですか。

「まずは相手ピッチャーの見え方じゃないですか。まったくもって打席に立ってなかったし、ピッチャーとの距離感とか間合いを感じられないまま、マシンのボールを打ってきただけですから、最初から全開というのはなかなか難しいのかなと思います」

——それでもバッティングに関しては、感覚さえ戻れば打てるという自信が揺らぐことはない、というふうに見えます。

「そうですね。相手というよりはこっちの話なので、感覚さえ養えれば問題ないのかなと思ってます。どちらかと言ったらピッチングのほうが、ホントに半年以上、実戦で投げてなかったので、量をこなさないといけない。シーズン中にそれだけの量を確保するのは難しいですし、感覚を養っていかなきゃいけないという点でも、ピッチングのほうが難しいんじゃないかと思います」

——一軍での復帰登板となった7月12日のバファローズ戦では右足の蹴りを使わずに投げていました。キャンプのときにダルビッシュ（有）さんが「こうやって投げればいいじゃないか」とやってみせた通りの投げ方でしたが、やはりリスクを避けるにはああいう投げ方をする必要があるんですか。

「できれば（右足の蹴りは）使った方がいいんですけど、ただ、右足も右足でこれはしようがない状況なので、100％でやれなくても、その中でどうやって抑えるのかを考えなければなりません」

——左足の肉離れは完治するケガですけど、右足首の三角骨障害は手術しなければ完治しない……これからは左足より右足に気を配らなければならないのでしょうか。

「そうですね。でも痛みもだいぶ収まってますし、今は問題のない範囲になってます。ここからどうなるかってところですけど、左足のケガで休んでいたおかげで右足はだいぶよくなった感じがするので……そこだけは唯一、ケガをしてプラスになったことだったんじゃないかと思います」

——こういう状況になって、今の時点でメジャーへの気持ちに変化はありますか。

「この1年でどうのこうのという話ではないので、とくに考えてないですね。今年もまだ終わってないですし、後半の中でどれだけ自分のやりたいことができるのかということしか考えていません。来年のことは来年でまた、そういう時期が来たときに考えればいいんじゃないかなと思ってます」

——自分のやりたいことというのは……。

「少しでも早く、実戦で納得のいくパフォーマンスを出せるようになりたいですし、なおかつ結果も残したい。優勝する、しないに関わらず、安定して自分のパフォーマンスを出せるというのは大事なことだと思うので、一試合一試合、そういう準備をしていきたいと思っています」

⑤ 今年もうまくなれた

ファイターズの長年のファンとして知られるコラムニストのえのきどいちろうさんが、おもしろい喩え話をしていた。

「かぐや姫は月へ帰るのだ」

なるほど、言い得て妙だ。かぐや姫がいつの日か月に帰るのを誰もが知っているのと同じように、大谷翔平がいつの日か、メジャーリーグへ行ってしまうことを、今や誰もが知っている。そしてその日が目の前まで近づいていることは、いつしか既成事実として世の中に広がっている。

しかし、大谷はそれがこのオフだということは、公の場では一度も認めていない。そのことについて、大谷はこう言っていた。

「周りが言うだけで僕は何も言ってないので……やっぱり100%、120%行くとならなければ言葉には出せません。99%でも無理ですし、ここ（ファイターズ）に残る可能性もなくはないので、そこは慎重になるかなと思います。周りは他人事だと思っていろいろ言いますけど（笑）、僕やファイターズの人たちにとっては大事なことですし、5年間、応援してくれていたファンの人たちのことを考えると、軽い気持ちでそういうことは言えないと思います」

確かに、大谷の周りからはこのオフのメジャー移籍へ向けて、さまざまな準備が進んでいることは伝わってくる。それが大谷の意思に基づいていることも間違いない。ただし、大谷がごく近い人に明かしているのは『このオフに行きたい』という強い決意だけで、細かいことには例の如く無頓着だ。周りがどんなに騒々しくなろうとも、日々、彼が夢中になっていることは何も変わらず、一つだけなのだ。

野球がうまくなりたい——。

そのまっすぐな想いは、ケガに苦しんだプロ5年目を振り返る大谷の、こんな言葉からも垣間見えた。

「今年もとくに例年と変わりません。ケガはしちゃいましたけど、やることは変わらずにここまで来られましたから……一日一日、うまくなるためにやっていくというのは今年も何も変わらない。もちろん試合に出続けて結果を出しながら、というのが一番なのかもしれませんけど、個人的には練習でも試合でも気持ちは変わりませんでした。例年は試合の中でどうやったらうまくなれるかを探していたけど、今年は練習の中でそれを探してきた。ケガをしたのでやれることは限られましたけど、その中でもうまくなる方法を一日一日、探しながらやってきたんです。僕の場合はうまくなったと実感できるのは練習のときのほうが多いので、ファームでもそれなりに勉強することはたくさんありましたし、今年もうまくなったんじゃないかなと思ってます」

大谷の一軍初登板は7月12日。それも万全とは程遠い中、球数を限定した先発という異例の〝一軍調整〟。そこから8月31日の64球、9月12日の78球、9月21日の108球と、オープン戦のような段階を経て、10月4日、リミッターを外した状態の大谷がマウンドへ上がった。今シーズンの本拠地最終戦が大谷にとってのいわば開幕戦。いつしか既成事実と化したメジャー移籍を前提にファンは感傷に浸り、メジャーのスカウトがネット裏の最前列に陣取って、それでも大谷は何も語らないという、摩訶不思議なお別れの舞台ができあがったのだ。しかも栗山英樹監督が「夢があるよね」と思い描き、ずっと心の中で温めてきた〝4番、ピッチャー、大谷〟として――。

自分がどんな選手になるのかなという楽しみ

正直、その光景に違和感はなかった。

ピッチャーの大谷が160㎞台のストレートとキレキレのスライダー、140㎞台のフォークを織り交ぜて三振の山を築き、完封してみせれば、バッターの大谷はバファローズの金子千尋から先制点のきっかけとなるセンター前ヒットを放つ。まさに二刀流の集大成と言っていいフィナーレだったのだが、大谷の心は満たされない。

「右足首の痛みは春先に比べればだいぶ減ってきましたけど、まだ100％ではないので、不安がある中での思い切ったプレーはなかなか難しいと思います。そうは言っても、100を求めたくなるのが選手だと思うので、そことのギャップというか、できないけどやっぱりやりたいよなというところの気持ちが強くて……札幌での最終戦に関しては結果はよかったんですけど、内容からいったら厳しいと思いました。全体的に、投げていて気持ちよくなかったですし、自分の思い描いている通りのものがなかなか出せなかった。今年を総括するような感じだったかなと思います」

気持ちよく投げられず、思い描いていたボールが投げられなくても、バファローズの打線は大谷を捉えられない。打たれたヒットは2本だけの完封だったというのに、それでも喜べないあたり、大谷はもはや一人だけ、別の次元で野球をやっていると言ってい い。だとするならば、栗山監督が言うところのファイターズ大学4年、大学院1年、あわせて5年の〝大学生活〟はもう卒業ということになるはずだ。

「卒業ですか？　どうなんですかね。それは先生に聞かなきゃ、わかんない（笑）」

〝先生〟が万全を待たず、異例の球数制限で実戦復帰を急がせたのは、大谷のメジャー挑戦がこのオフになったとしても不安のない状態で送り出してあげたいという親心があったからだ。栗山〝先生〟が言う。

「これでもギリギリだったでしょ。あのスタートが遅れてたら、ここまで来られずに終わっちゃったと思う。いくらいいピッチャーでも、一軍で投げてみないと自分のボールがどうかなんてわからないし、少なくとも先発ピッチャーとして機能するところまでは持っていってあげたかったんだ。痛みがぶり返すのを怖がって、翔平にスイッチが入ってないのがわかったからね」

遅かれ早かれ、このオフ、大谷は戦いの場をメジャーへ移す決断を下すはずだ。23歳の大谷は、メジャーで新設されたいわゆる〝25歳ルール〟によって、契約金の上限が設定され、マイナー契約という格安の条件での移籍を余儀なくされる。それでも大谷はそんなことは意に介さない。

「僕が高校時代にアメリカへ行きたいと思ったのは、マイナーでやりながら他の人と違う過程を踏んだとき、自分がどんな選手になるのかなという楽しみが大きかったからでした。すぐにメジャーで通用するなんて思ってなかったですし、(日本の)プロ野球にピッチャーとして入って、1年目にチョロっと投げて、2年目からチャンスが徐々に増えていって、3年目、4年目でローテーションに入って……そういう決まっている成長過程ではなくて、まったくわからない、想像もつかない過程を踏んだとき、僕はどうなるのかなというのを自分で見てみたかったんです。今も、自分がどのくらい行けるかという限界はわからないですし、てっぺんも見えてない。そっちのほうが僕は楽しみかなと思います」

伸びしろしかないと思ってます

野球がうまくなりたいと日々を過ごしてきた永遠の野球少年にとって、大切なのはカネではなく、うまくなるための刺激だ。メジャーが、自分ではまだ気づいていない能力を引き出してくれるかもしれないという期待が、今の大谷を突き動かしている。

「環境が人を左右することはたくさんあると思います。ファイターズに来たことで、（投打を）2つやるという環境を提示してもらったのはすごく大きなことだったし、選手としての幅がすごく広がったんじゃないですかね。おかげでここまでけっこうすんなり野球をやってこられたので、今回のことは自分の中で大きな決断じゃないかなと思っています。もちろん不安もありますけど、行くとなったら、やるからにはトップへ行きたいというのは普通だと思います」

大谷がメジャーへ行くことになったらどのチームへ行くのか、二刀流は可能なのかと、もはや世の中は侃々諤々《かんかんがくがく》。メジャーで二刀流を目指すならナ・リーグで打席に立つのがいいという普通の発想から、ア・リーグでDHとして野手枠に入り、6人目の先発としてローテーションに入るというアイディアもある。いやいや外野手としてレギュラーで出てもらって、ピッチャーとしてはクローザーをやればいいというウルトラCまで、メジャー各球団が大谷に選んでもらうべく、二刀流の彼をどう活かすのか、その知恵を絞るところまできているのだ。

「外野？　2年目までは普通にやってましたけど……どうですかね。今、守れって言われたら、（西川）遥輝さんの守備範囲はなかなか出せないかなと思いますけどね」

　守備の話をすれば、いきなり昨年のベストナインの名前が出るのだからたいしたものだ。栗山監督は選手としての大谷を「まだ1合目」だと言ってそのポテンシャルを表現していたが、大谷は自分自身の伸びしろをどう感じているのだろう。

「伸びしろですか？　伸びしろしかないと思ってます。自分でもこう……なんて言えばいいのかなぁ、こうだみたいな限界は現時点で見えていないんです。ということはいろいろ試す項目が多いし、勉強することも多いのかなと思います。5年後、10年後を見たときに、明日の結果よりも大事なことを考えてやってきたので……野球、何歳になってもやりたいですからね。そこは医学の進歩にも頼ります（笑）」

　大谷は岩手の高校を出て、北海道の〝大学〟を巣立ち、まもなくアメリカへ渡る。メジャーで当たり前のように結果を出すことを期待されて、何百億円という破格の契約を交わす最近の日本人選手と違って、大谷は野球がうまくなりたいと目を輝かせながら、幸か不幸か〝格安〟の契約で、より高いレベルに身を投じようとしている。

⑥何か、エンゼルスに縁みたいなものを感じて

走らせる前に、まず歩かせる――。

エンゼルスのビリー・エプラーGMが発したこの言葉が、すべてを物語っていた。

大谷翔平は、メジャー30球団の中からエンゼルスを選んだ。それが下馬評に上がっていないチームだったから、なぜこのチームを選んだのかと意外に受け取る声があちこちから聞こえてきた。しかし、考えてみれば不思議でも何でもない。そもそも大谷にはどのチームへ行きたいという強い希望もなければ、どこへ行かなければならないというしがらみもなかった。メジャーへの憧れは、子どもの頃に観たあのチーム、あの選手といった類のものではなく、世界一レベルの高いリーグで野球をやりたいという想いから生まれたものだ。

そして、高校を卒業して5年というタイミングで自らの舞台をメジャーに移す決断を下したのは、もっと野球がうまくなりたいという気持ちがあったからに他ならない。大

谷は彼自身が思い描く世界一のプレイヤーになるために、まずこの5年間、NPBで栗山英樹監督から与えられた宿題を次々とクリアし、岸孝之、柳田悠岐などの好敵手によって経験値を上げてきた。まだまだ成長過程にあると自覚していたのにもかかわらず、そのポテンシャルの高さゆえに、彼は日本ではあっという間に突出した存在になってしまった。となれば、プロ6年目からは次のステージで刺激を受けたいと考えたとしても合点がいく。

これまでMLBに挑戦した日本人選手たちは、NPBで何かを成し遂げ、日本の野球に物足りなさを覚えて、メジャーに戦いの場を移してきた。しかし大谷はそうではない。大谷翔平というプレイヤーが世界一の山の頂に立つためにどのルートを登ればいいのか——彼が考えているのはそのことだけだ。実際、この5年間で周りが認めるだけの何かを成し遂げたと言い切れるのは、ピッチャーとして三冠を獲得したプロ3年目とチームを日本一に導き、投打ともにベストナインに選ばれてMVPを獲得したプロ4年目だけだった。しかし大谷が見ていた景色はそうではない。ケガに泣かされ、結果という観点から見れば不本意だったはずのプロ5年目も、ケガというカテゴリーの学びができた、価値あるシーズンだった。2017年がどんなシーズンであったとしても、大谷は、日本で学ぶのは5年と決めていたのである。栗山監督が、ファイターズ大学で4年、大学院で1年と話していたのも、大谷のそんな覚悟を感じていたからだ。

そういう大谷のメンタリティを、メジャーのほとんどの球団は理解し切れていなかった。大谷はカネでは動かない、大谷は自分をまだ未完成な選手だと思っているといった類の情報が入ってきても、どこかでそんなはずはない、カネはあるに越したことはないし、すぐにでもメジャーで活躍できたほうがいいに決まっているという発想から抜け出せなかった。大谷を獲りたいと本気で考えていた球団ほど、その傾向が強かったように思う。大谷は、メジャー1年目からローテーションに入れてもらう約束やら、バッターとして何打席立たせるという見通しやらを求めていたわけではない。

7　球団と面談を行ない、エンゼルスに行きついたプロセス

実際、ピッチャーとしての大谷は、日本を離れるときの松坂大輔、ダルビッシュ有、田中将大ほどの完成度には至っていない。バッターとしても、メジャーに挑んだときのイチロー、松井秀喜の域にまでは辿り着いていない。もちろん、誰と比べても大谷のポテンシャルが劣らないことに疑う余地はないが、現時点で、ピッチャーとしてローテーションに入ってフルシーズンを投げ抜くための体力や、細かなコントロール、ゲームメイクをする能力は、まだまだ発展途上だ。バッターとしてのほうが完成度は高いのかもしれないが、相手を知り、バッターボックスで実戦のデータを蓄積してから打つタイプの大谷が、すぐにＤＨとして結果を出せるとは思えない。しかも、大谷は二刀流なのだ。時間も体力も他の選手の倍、必要なのに、限られた時間、体力の中で、レベルを上げて

いかなければならない。

だから、急ぐ必要はどこにもなかったのだ。行きたいチームも行かなければならないチームもなかった大谷は、代理人のネズ・バレロ氏が各球団に求めた7項目の質問に対する回答を、何の先入観もなく熟読した。各球団の考え方に触れた大谷は感覚的に違和感を覚えた球団を外し、大谷自身のことではない、たとえば他の日本人選手に迷惑を掛けたくないといった理由などで外さなければならなかった球団を外し、結果、ジャイアンツ、カブス、ドジャース、マリナーズ、エンゼルスの5球団を選んだ。その後、パドレスとレンジャーズを加えた7球団と面談を行なうことにしたのだと聞く。

こうした前提を踏まえた上で、エンゼルスのエプラーGMの言葉をリフレインしてみると、大谷が「縁」と表現したこととつながってくる。DHのアルバート・プホルスは一塁も守れるとか、先発ローテーションがあいているとか、そういうこととは関係なく、つまり1年目からメジャーで前例のない二刀流プレイヤーをいきなり走らせるつもりはまったくなく、ポテンシャルの高い23歳のプレイヤーをゆっくり歩かせたいと語ったGM――その言葉から垣間見えるエンゼルスの急がないスタンスが、大谷を安心させ、信頼させるまでに至らしめた。それは、エンゼルスタジアムでの会見で大谷が口にした「まっさらな気持ちで何もなく、オープンな気持ちで話していく中で、何かエンゼルスに縁みたいなものを感じて、ここに行きたいなという気持ちになった」という言葉とも重なる。

大谷が追い掛けているのは、マックス・シャーザーでもなければクレイトン・カーショウでもない。もちろんブライス・ハーパーでもなければマイク・トラウトでもない。彼が追い掛けているのは、心の中に作り上げた野球の神様だ。大谷にとっての野球の神様は白髭のおじいさんでもなければ女神でもない。世界中の誰よりも野球がうまい存在なのだ。だから大谷はタイトルを獲ろうが、年俸がいくらになろうが、満たされることがない。野球の神様に追いつこうと思えば練習のための時間はいくらあっても足りないし、だから彼は野球に関して生き急いでいるのである。

ただし、大谷は自分の課した速度で歩いている。結果から成長の度合いを測る周りと違って、練習でも野球がうまくなったことを感じ、長いスパンで野球人生を考えている。だから、メジャー1年目の大谷に周りが期待することと、大谷自身が期待することにはギャップがあるはずだ。1年目から、大谷が二刀流プレイヤーとしてメジャーで圧倒的な数字を残せるとは思わないほうがいい。ただし、5年経ったときの大谷がメジャーで例のない二刀流プレイヤーとして、とんでもない結果を叩き出している可能性は極めて高い。つまり、大谷のメジャー挑戦はそういう道を辿るはずなのだ。スタートから走らせようとした球団に、大谷が縁を感じるはずはなかった。エンゼルスは、大谷を歩かせようとしている。それは5年前、「急がば回れ」というメッセージを掲げて大谷を口説き、5年後、その縁に感謝されたファイターズと同じ発想だった。そう考えると、大谷がエンゼルスを選んだのは必然だったように思えてくる。

野球翔年
2018
夢への序章

①メジャーリーグ挑戦の決意
「何かとんでもないものを見てみたい」

——アメリカの空気、慣れてきましたか。

「そうですね……練習は休みなく、毎日続きますし、内容も日本とはかなり違いますので、まだ慣れるところまではいきませんけど、でも、楽しくやれてます」

——思えば大谷選手が18歳のとき、ファイターズに入団して、沖縄の国頭で二刀流への挑戦が始まりました。あれから5年経った今、何か違いを感じますか。

「そこは感じます。エンゼルスは（二刀流について）すごくうまく、入りやすい感じを作ってくれているなと思います。ファイターズの1年目は、投げて、その後はどっちに行ったらいいんだろう、そこからどこへ行って何番目に打ったらいいんだろうという感じで、戸惑いの連続だったんですけど、今は、こうやって、次はこうして、というメニューをわかりやすく作ってくれているので、すごくやりやすいですね。（二刀流の）練習内容だったり、調整法やプランだったりがファイターズからエンゼルスに伝わっている感じもするので、それですんなり入っていけているのかなとも思います」

――言葉についてはいかがですか。

「僕はまだ英語を喋れないので、（通訳の水原）一平さん次第になってきています。僕はYESとNOだけで（笑）」

――でもチームメイトと、いじったり、いじられたり、楽しそうにやってますよね。

「まだいじることはないですけど、いじられたりはしますね。（キャッチャーのマーティン・）マルドナードとか、よく来ますし、一緒のゲームをやってたりすると、その話で盛り上がったりしてます」

――えっ、日本でもアメリカでも共通の話題にできるゲームがあるんですか。

「ありますよ。携帯ゲームですけど……何のゲームかとかは別にいいじゃないですか（笑）。あるんですよ、そういうゲームが」

――一人暮らしを始めたんですよね。

「今までと変わりません。寮でも一人部屋でしたし、洗濯も自分でやってましたからね。寮にいたときにはごはんが出てきましたからそこは違いますけど、こちらへ来たばかりの頃、栄養管理の人に来てもらっていたので、作り置きしてもらっていたものを食べたり、そのときに教わったものを自分でやれる範囲で作ったりしてます」

――練習が終わったら、何をして過ごしてるんですか。

「お昼寝してます（笑）。最近は帰ったらお昼寝するんです、僕。で、夜になったらバスケットしてます。住んでるところにバスケットコートがあるんですよ。そこで一平さんとか、（チームメイトのピッチャー、アンドリュー・）ヒーニーと一緒に、エンゼルスのシステムを教えてもらいながら、アクティブに、楽しくやってます」

――バスケットも上手そうですね。

「まあまあ、上手いです。まあまあ、ですよ（笑）」

僕がダメだったとしても、次の子どもが出てきてくれれば

――こうしてアメリカへ来てみて、5年前の、まず日本でやろうと決めた選択を、改めてどんなふうに感じてますか。

「比較するのは難しいと思いますけど、遅くはなかったと思います」

――当時、ファイターズは「急がば回れ」という口説き文句を使って、高校生だった大谷選手を説得しました。

「そうでしたね。確かに回り道を選んだのかもしれませんけど、それなりに急いで回ったんじゃないですか。丁寧に、急いで遠回りしたんじゃないかなと思ってます」

――その結果、メジャーで二刀流としてやっていく自信を与えてもらったという手応えはお持ちですか。

「日本で両方やるとなったときも、僕は日本のプロ野球がどのくらいのレベルなのか、

わかりませんでした。実際に打席に立ってみて自分が打てるのか打てないのか、マウンドに立ってみて抑えられるのかどうかということを実感して、それを自信につなげたのかなと思います。今回も、実際に入ってみて、けっこう打てるなとか、抑えられるなということを実感することが大事だと思うんです。やらないというのがもったいないでしょう。やってみてダメだと実感したら、それはそれでいい。やらないというのがもったいないでしょう。だから、やってみる。で、実感する。自信はそのあとについてくるものなのかなと思います」

――そもそも、メジャーの球団が二刀流でオファーを出すなんてあり得ないという声が大多数でした。それが実際には、二刀流で、というチームがたくさんあった。そのことに対してはどう思っていましたか。

「それは嬉しかったですね。僕が日本のプロ野球に入ったとき、2つなんてできるはずがないのに、なぜやるんだ、という人のほうが多かった……少なくともそういうところは変えられたのかなと思うので、2つやってきてよかったなと思いました。この先は僕の頑張り次第で変わってくると思いますけど、僕がダメだったとしても、次の子どもが出てきてくれればそれでいいんです。一人失敗したからといって終わりだとは思いません。もちろん、一人目としてやるからには頑張りたいと思ってます」

――エンゼルスに感じた縁、フィーリングというものは何だったのでしょう。

「僕の感じるものがすごくスッキリしていたんです。爽やかだったというか、こういうところでやりたいと感じさせてくれたのがエンゼルスでした。いろんなチームのプレゼンを聞いて、いろんな人から僕が知らなかった情報を教えてもらって、資料を読んで、そのすべてのことを踏まえて考えたとき、最後の最後というのは、何があったからということではなくなったんです。西海岸がいいとか東海岸がいいとか、そういうことでもなかったし、僕、好きな球団もありませんでした。最終的には感覚的な話になってきた、ということなんです」

――ファイターズの栗山英樹監督が、「二刀流に対する本気度を感じ取れ」とアドバイスしたと仰ってましたが……。

「結局はそこなのかと僕も思いました。どれだけ欲しいかとか、どれだけ活躍してもらいたいかというのは、イコール、2つやっていくプロセスをどれだけ大切にしてくれるかに関わってくるじゃないですか。『ウチは2つやらせます』という言葉だけじゃなくて、それをどう継続していくかという、その先までを交渉の数日間で読み取ろうというのはすごく難しい。なので、最後はフィーリングの問題になってきたんです」

――エンゼルスのビリー・エプラーGMが大谷選手のことを「走らせる前に、まず歩かせる」とコメントしていましたが、この言葉、意味合いは違っても、ファイターズの「急がば回れ」に似ていますよね。

「その言葉は僕は聞いていませんけど、でも、その言葉通りに考えてくれているということは十分、感じています。本当に慎重に、大事に大事に前へ進めようとしてくれているのをすごく感じるんです」

スライダーはすごく曲がりますし、行けると思ってます

――アメリカに来て最初のシーズン、いきなりメジャーで活躍できたほうが楽しいのか、それともこれまでの野球が通じないと思わされたほうが楽しいのか、そこはご自身ではどう考えていますか。

「どっちですかね（笑）。自分がやってきたことにはある程度、自信を持っていいと感じていますし、こういうところでもそれは形になると思っているので、そういう（いきなり活躍したいという）気持ちは持っていていいんですけど……でも、本当のところは、何かとんでもないようなものを見てみたい、という気持ちもありますね」

――やっぱり（笑）。

「自分のやってきたことがどの程度、正しいのか、どのくらいこちらの野球に合うのかというのはまだわからない状態なので、まずは今までやってきたことを実戦の中でやるべきだと思っています。その過程でダメなことがあったら、ダメな理由を探してみて、その原因が調整段階だからなのか、身体の状態なのか、フィーリングが良くなくてそうなっているのか、ボールが滑るからなのか、技術の問題なのか……いろんな可能性を考えなければなりません」

――ボールが滑ると、スライダーが扱いづらいという話をよく聞きます。

「そこは僕は逆ですね。スライダーはすごく曲がりますし、行けると思ってます。あとは曲がり過ぎるのをどうコントロールしていくかという、精度の問題です。むしろフォークのほうが難しい。フォークというのは、抜く感覚と引っ掛ける感覚を両方持ってなくちゃいけないボールなんですけど、そのバランスが崩れると、抜け過ぎたり、引っ掛け過ぎたりということが起きてくるので、難しいんです」

――ストレートの感覚はどうですか。

「まっすぐは、こちらのボールだと回転がかかりづらいのかなって感じがするので、高めにはすごくいいボールがいくんですけど、低めに強いボールを投げにくい。その原因がボールにあるのか、フォームにあるのか、春先の身体の状態にあるのか、今はハッキリさせられないので、ボールが理由だったときの準備もしつつ、フォームだったときの準備もしつつ、という感じです」

――バッティングでは、飛距離でいきなり周囲の度肝を抜きました。

「打つほうについては、練習の内容に慣れてきているなという感じはしています。練習のとき、バッティングピッチャーが近いという距離感の問題や、投球間隔が短いとかテークバックが小さいというような間の問題とか、練習のスタイルがあまりにも違うので最初は戸惑ってうまくタイミングを取り切れていない感じはありました。ただ、バッティングはまだいい状態ではないですね。もともと、この時期にいい状態で、というのには無理があると思いますし、それなりに順調にはきているとは思います。

――ただ、バッターよりもピッチャーに評価が偏りがちな中、いっちょ、飛ばせるところを見せておこうかな、という気持ちもあったんじゃないですか。

「いやいや、僕はバッティング練習では強いスイングをするべきだと思ってやってますから、普段の練習と変わりませんし、アメリカに来たからどうのこうのということはありません。フォームを考えてコンタクトする練習はケージの中でもできますし、外で打つときはいつも、全部、柵を越えてやると思って、思いっ切り打ってます（笑）」

てっぺん……どこなんですかね

――そして守備の話ですが、栗山監督は「翔平はファーストは守れる」と仰ってました。今シーズンはアルバート・プホルス選手がＤＨとファーストを兼務するという話ですが、大谷選手がファーストを守れればチームとしての選択の幅も広がります。

「えっと、僕、ファーストってやったことないんですけどね（笑）」

――高校時代も？

「ありません。ファーストやって、（メジャー屈指の名ショート、アンドレルトン・）シモンズの投げる球を捕る自信はないですよ（苦笑）。いつの間にか僕がファーストをやるみたいな想定になってますけど、僕は守備を求められてるとは思っていないので、ピッチングとバッティングをしっかりやるのが大前提かなとは思います」

――でも、ファーストができれば、プホルス選手の負担も減らせますし、大谷選手のチャンスも増えますよね。

「もちろん、やれと言われれば準備はしますけど、どうなんでしょうね。ただ、それも打席に入るための方法だというなら、1打席でも多く入りたいですし、ファーストを守るというのも、僕の野球人生、その長いスパンの中で考えれば、いい経験になるんじゃないかなと思います。守備に取り組むことでまた何か違うものが見えたりするかもしれませんし、もしそうなったらプラスに捉えていきたいと思っています」

――メジャーでの二刀流、そのてっぺんというのはどこにあるとお考えですか。

「てっぺん……どこなんですかね。でも、ここに来たからにはワールドシリーズで、投打の両方とも活躍できたらすごいと思いますし、考えることはいつもシンプルです。どこまで自分を伸ばせるかというところにしか興味がないので、その結果、ワールドシリーズで勝てれば、そこがてっぺんなんじゃないですか。行けるところまで能力を伸ばして、エンゼルスがワールドシリーズで勝つ。そこが、今、見ている一番上のところじゃないかなと思います」

――ピッチャーとして出るときには4番ピッチャーで、そうじゃないときは4番DHか、あるいはファーストか……。

「ピッチャーとしてゼロに抑えて、バッターとしてホームランを打つ。そこには何の制限も、条件もありませんよ（笑）」

②開幕インタビュー
「僕はまだ何も変えていない」

あどけない顔で大谷翔平は笑った。

「髪、切ってきました。ちょっとだけですけど……」

相変わらず、いついかなるときも、彼が世の中の喧騒に左右されることはない。

DHとして出場した開幕戦で、大谷はいきなり初球を打ってメジャー初ヒットを記録。その3日後のピッチャーとしてのデビュー戦では6回、92球を投げて6個の三振を奪い、3失点の内容で勝ち投手となった。翌日、アナハイムに移動してのホーム開幕戦こそ登板翌日で欠場したものの、ふたたびDHとして出場したそこからの3試合で、大谷は3試合連続ホームランを放ってみせた。となれば日本はもちろん、アメリカでもオータニ、オータニと大騒ぎになる。しかしそんな空気はどこ吹く風とばかり、大谷はこう言った。

「どうですかねぇ、とくに何も感じてません。僕自身、昔から周りに対して思うことは何もないし、スプリングトレーニングの段階でもそうでしたけど、今も過剰に反応してるかなと思ってます。まだ数試合しか出ていないし、まだ2チームとしかやっていない。他にどういう人（選手）がいるのかもわからないし、どういう環境があるのかもわかりませんから、そこに惑わされず、しっかり自分の中で整理して、冷静に見ていきたいなと思っています」

つい半月前もそうだった。オープン戦で結果が出なかった大谷に、メジャーでの二刀流なんてやめたほうがいい、マイナーからスタートさせるべきだと、やいのやいの言われていたときも、彼は我関せず。今の自分を見つめながら、結果を出せない理由を探していた。

「オープン戦の時期はよくないところのほうが目立っていただけで、確実にいいところはあったので、そこを増やしていこうと思っていました。投げ心地は日に日によくなっていましたし、マウンドの傾斜に対しても、ボールに対しても、確実にアジャストでき始めてはいたので、そこに関してはよかったんじゃないかと思います。ただ、ボールもまちまちで一個一個が違うので、そこがまた難しいところでしたけど……」

期待されるってやりづらい

スプリングトレーニングの間、ピッチャーとしては実戦5試合に投げてすべての試合で失点を重ね、バッターとしては11試合に出て、ホームランはゼロ。メジャーを相手にしたオープン戦に限れば2試合に投げて自責点8、打つほうでは32打数4安打、打率は1割2分5厘と、周囲の期待に応えたとは言い難かった。

「結果が出ないことに対しては、もどかしさはありました。（マイク・ソーシア）監督もチームメイトも、すごくやりやすいようにやってくれて、二つやることも、日本で最初にやったときに比べれば、まったくできないだろうという捉え方ではなかったですし、期待もしてくれてましたから、そこに応えていきたいとは思っていた分、やりづらかったですね……はい、やりづらいです。期待されるってやりづらいなって思いました。他の選手やチームのスタッフ、みんなに、できるだろうと思いながら見られる感じというのは、やりづらかったです。だからといって、そんなに気負ってる感じもなかったんですけどね」

18歳でプロの世界に飛び込んだときのように、二刀流などできるはずがないと冷ややかなまなざしを向けられるのも気持ちのいいものではないだろうが、簡単ではないことを、できると決めつけられてしまうのも心穏やかなものではなかったようだ。なにしろ比較の対象は常にベーブ・ルースだ。二刀流の背景もモチベーションも、野球そのものもまったく違う時代の存在なのである。誰もやったことがない、と言ったほうが近い現代の二刀流に挑む23歳は、それなりのプレッシャーを背負っていたのかもしれない。思うに任せないことにイライラして、つい枕を投げてしまったりすることはなかったのだろうか。

「ありませんよ。打てなくても抑えられなくても、イライラすることはありませんでした。テレビで『こち亀』、見てましたね。気軽に見られる、一話完結の番組がないかなと思ってたらちょうどやってたんです。基本、一人が好きなので、いつも一人でゴロゴロしてます。あんまり外にも出ませんし……えっ、自炊ですか。たまご料理、作ってます。ごはん炊いて、オムレツとか、めんどくさいときは目玉焼きで（笑）」

メジャーリーグの雰囲気に乗せられた感じはありました

それにしても、である。

掌を返されるのは今に始まったことではないとはいえ、開幕してからいきなり投打ともに炸裂した大谷に対して、絶賛の嵐はとどまるところを知らない。それでも大谷は落ち着き払っている。

「だって、開幕戦は1安打ですよ。それほどすごいスタートというわけではなかったと思いますけどね。でも、1本打ったということではやっぱり安心しましたし、初登板でも結果的に勝ったというところで何となく楽になったところがあったと思います。メジャーリーグの公式戦になって、やっぱりその雰囲気に乗せられた感じはありました。じつはあの日（4月1日、オークランドでのメジャー初登板）のブルペン、酷《ひど》かったんですよ。誰に訊いてもみっともないくらいの感じで、もともと自分はブルペンを信用できないタイプだって理解してますからいいんですけど、周りはけっこう心配したんじゃないかと思います」

オークランドでのメジャー初先発は、DHとして初ヒットを記録した開幕戦の3日後――つまりこの日、大谷のメジャーでの二刀流が現実に始まったことになる。

マウンドへ向かう大谷は、いつものようにファウルラインとスリーフットラインをポンポンと左足でまたいだ。大谷は「それをしないと抑えられないとか、気持ちの小っちゃいところがあるんです」と笑っていたが、これはコントロールできないことを自分のほうへ引き寄せるための、ずっと変わらない彼のルーティンのひとつである。ではピッチャーとしてメジャーのマウンドに上がった大谷は、日本で作り上げてきたピッチングのどこを変えずに、どこを変えて、デビュー戦に臨んだのだろう。

「ピッチングに関しては、まだ何も変えてないんです。もともと春先はエンジンがかかるのに時間が必要なので、今もまだ、自分が持っているものに対して、何を、どう変えなくちゃいけないのか、あるいは変えなくていいのかということが正直、わかってませんしかもキャッチャーに関してもお互い、まだわからない。僕が何を持っていて、何がよくて、何が悪いのか。そこをキャッチャーにわかってもらわないといけないんですけど、それをやっているうちはバッターに集中できないかな、ということもあります。そこはミーティングもやって、いろいろ話して、少しずつ改善していくという段階を踏まないと前進しないと思うので、限られた登板機会の中で少しずつ前へ進めていけたらいいなと思ってます」

アリゾナでのスプリングトレーニングが始まった頃、スライダーについては「曲がり過ぎるのをコントロールできればいける」と手応えを語っていた大谷だったが、フォークに関しては「抜く感覚と引っ掛ける感覚の両方を持っていなくちゃいけないのに、そのバランスが崩れている」と、ボールの違いによる難しさに直面していた。実際、オープン戦でめった打ちを喰らったとき、大谷はフォークをほとんど投げていない。ところが最後の実戦でフォークを解禁。デビュー戦でアスレチックスに対峙したときも、大谷はフォークで空振り三振を立て続けに奪った。ストレートは初回から99マイル（約160km）を叩き出し、ほぼ同じ軌道からのフォークが鋭く落ちる。7番バッターのマット・チャップマンに3ランホームランを打たれたのは「甘く入った」（大谷）スライダーで、フォークに関しては決め球として完璧に機能していた。難しかったフォークに対して、大谷はどんなアプローチをしてきたのだろう。

「投げなかった時期も、いずれは投げるべきボールだとずっと思っていました。フォークは僕の絶対的な武器なので、これを捨てたら僕はワンランク下がってしまいます。ただ、フォークに関しては最終段階というか、ある程度、ピッチングができあがってからでないとよくなってこないボールなので、スプリングトレーニングでは投げるのを最後に回していたんです。アリゾナは乾燥してるので、余計、難しいところはありました。それについてはアリゾナは難しいよ、気にしないほうがいいよって、メジャーでプレーしてる日本のピッチャーの方々から言ってもらってましたけど、でも気にしないわけにもいかないので……もしかしたら僕にはアリゾナの感覚が普通に感じられるかもしれない、オークランドやアナハイムに行ってもそこは同じなのかもしれない、だからアリゾナでもしっかりできるようにしなくちゃ、と思ってました。そうは言っても、相当、難しかったけど（笑）」

いかにも大谷らしい発想だ。誰もが「一番難しい」と口を揃える、乾燥したアリゾナでのスプリングトレーニング。だからできなくても仕方がない、と考えるのではなく、アリゾナでできるなら他でもできる、いや、他もアリゾナと変わらないかもしれないからここでできなきゃダメだ、というところまでを考える。

「変な話、そこに転がっている石ころを投げてくれと言われても、できるようにしないといけないと思ってるんです。そこまでしっかりできるくらい、繊細じゃなく、気にしないくらいじゃないといけないのかなと、途中から思うようにしました。最初の頃はもう滑るし、できないし……いや、まぁ、そこは今もそうなんですけどね（笑）」

2回に3ランホームランを打たれた後、対峙した15人のバッターを大谷はノーヒットに抑えた。2球目までにストライクを投げられなかったのは2人だけ。有利なカウントを作って、決め球にフォークを投じる。その15人のうち、奪った三振3個はすべてフォークだ。試合後のインタビューで大谷は「一番最初に野球を始めてグラウンドに行くときのような気持ちでマウンドへ行けた」と話していた。子どものときとメジャーの初登板、何が重なっていたのか、大谷に訊いてみた。

「何ですかね……やっぱり、すごい選手がたくさんいたからかな。一緒に練習してればわかりますけど、どの選手も軽くホームランを打つし、走れば速いし、投げれば肩は強いし、すごい選手がたくさんいるじゃないですか。相手だけじゃなくて、味方にもすごい選手がいっぱいいる。ウチ、すごいので（笑）。トラウト選手も、見ただけですごいでしょ。後ろを見れば、メジャーを代表する選手がいっぱいいるんですよ。あのラインアップに自分が入れるとか、そういうところでマウンドに立って投げられるというのは、野球やっていてものすごく楽しいし、ベンチで見ていても楽しい。そんなの、すごく幸せじゃないですか」

ちょっとずつやってきたことが引き出しとなって、ハマった

小学校2年生でリトルリーグのチームに入った大谷は、野球を始めた頃はいつも年上の野球が上手いお兄さんたちとプレーしていた。そして15年後、大谷は野球がとてつもなく上手いメジャーリーガーと一緒に野球をしている。何しろ鉄壁の守備を誇るショートのアンドレルトン・シモンズも、通算ホームラン６００号を達成して３０００本安打も目前のアルバート・プホルスも、26歳にして約38億円のメジャー最高年俸を得ている

マイク・トラウトも、ピッチングだけでなく、大谷のバッティングにも称賛を惜しまないのだ。それにしても、スプリングトレーニングでは実戦で1本の長打も打てず、内角攻めにバットをへし折られていたというのに、昨年のサイ・ヤング賞投手、コーリー・クルーバーからの一発を含む3試合連続ホームランを打てたのは、開幕直前、ノーステップに変えてメジャーのピッチャーの独特の間にアジャストしようとしたことが功を奏したのだろうか。

「ひとつ言うと、ノーステップではありません。ちゃんとステップしてます。ステップをしてないわけじゃなくて、省いたんです。結局は、そこに行くところに最初から行こうという感覚かな。これ、日本にいたときにはできなかったんですけど、こっちでいい感覚があって、やってみたらたまたまハマりました。バットの位置に関しても、速い球、動く球を捉えるためにはある程度、固定しないといけないなというのを感じて日本からやってきてたんですけど、そうやってちょっとずつやってきたことが引き出しとなって、今回、ハマったんだと思います。急激に変えよう、今までやってきたことを捨てて新しいことをやろうとしたわけじゃなくて、僕の中ではアプローチも形も、ほぼ変わってないんです。僕はトップの形まででバッティングは終わっていると思っていますが、それも変わりませんし、そこへいかに安定して入っていけるのかということしか考えていません。今までは足を上げるほうがトップの位置にうまく入っていけると思っていたんですけど、省いてみたらそっちのほうがうまく入っていけたので、今はそれを継続しようと思ってます」

　ピッチングもバッティングも、結果だけでなく、そこに至るまでの自分なりのプロセスを大事にする。だから大谷は誰もできないことをやってのけてきた。世界一の選手になることを志す大谷にとって、メジャーの景色を目にしたことで、てっぺんの見え方は変わったのだろうか。

「いえいえ、だってまだ9割5分以上、わからないことのほうが多いと思ってますから。僕が今、見ているのは隅っこのところですし、真ん中は全然、見えてない。僕は何の実績もないただの新人なので、打ったり投げたりというところで示していくしかないと思ってます。ただ、試合での結果というのは、いいほうに転ぶこともあるし、悪いほうに転ぶこともある。その少しの差が出たとき、そこをどう捉えていくかというところが大事なのかな。ここから先のほうが大変だということは僕が一番、わかってますし、その準備をしっかりやりたいな、というのが今の僕の楽しみです」

　ピッチャーとしてどれだけ勝ち星を重ねても、バッターとしてどれだけホームランを打っても、大谷が浮かれることはない。石ころでも投げようという覚悟を武器に、野球翔年、第二章が今、幕を開けた。

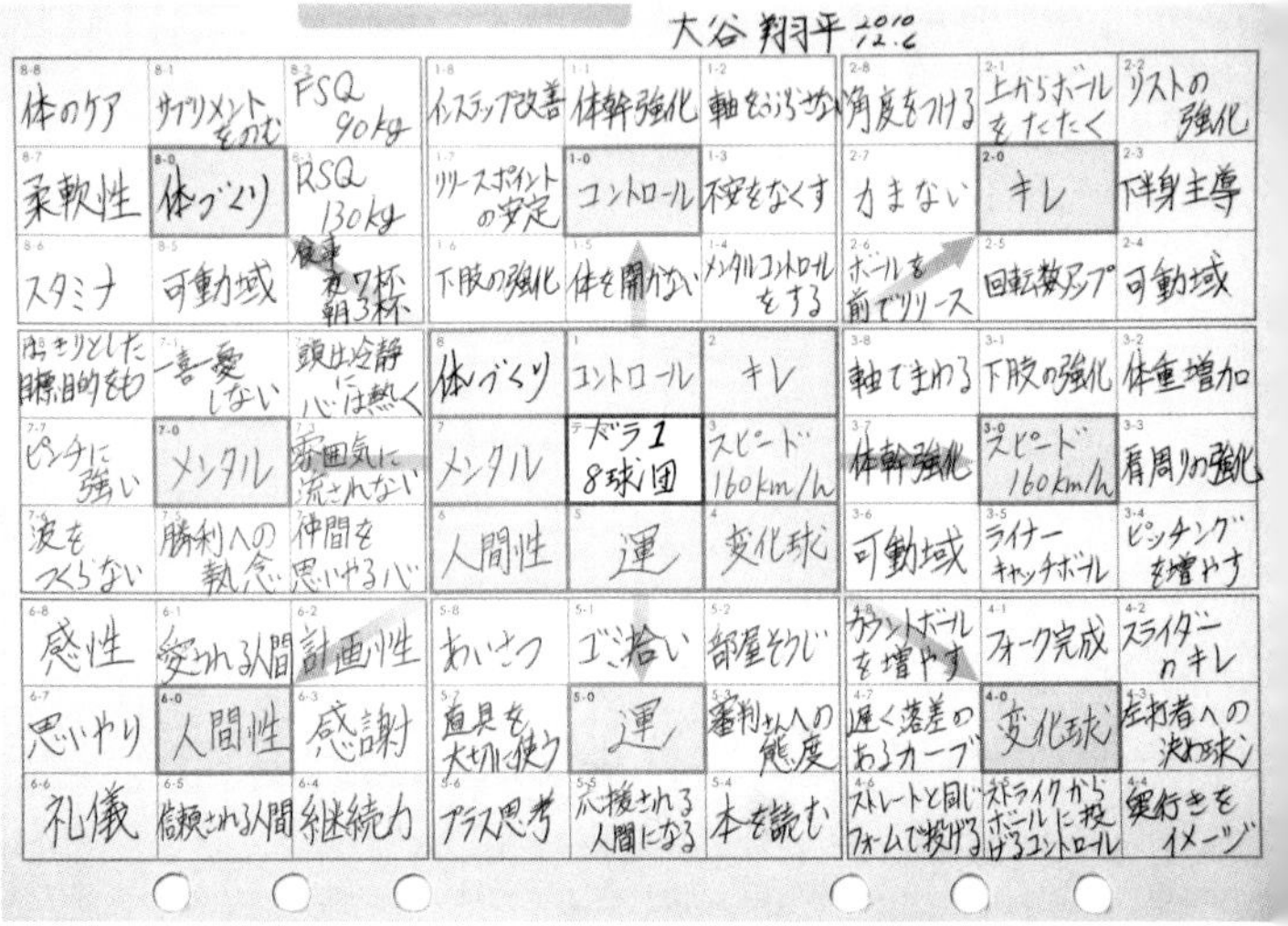

大谷翔平 2010 12.6

体のケア	サプリメントをのむ	FSQ 90kg	インステップ改善	体幹強化	軸をぶらさない	角度をつける	上からボールをたたく	リストの強化
柔軟性	体づくり	RSQ 130kg	リリースポイントの安定	コントロール	不安をなくす	力まない	キレ	下半身主導
スタミナ	可動域	食事 夜7杯 朝3杯	下肢の強化	体を開かない	メンタルコントロールをする	ボールを前でリリース	回転数アップ	可動域
はっきりとした目標、目的をもつ	一喜一憂しない	頭は冷静に心は熱く	体づくり	コントロール	キレ	軸でまわる	下肢の強化	体重増加
ピンチに強い	メンタル	雰囲気に流されない	メンタル	ドラ1 8球団	スピード 160km/h	体幹強化	スピード 160km/h	肩周りの強化
波をつくらない	勝利への執念	仲間を思いやる心	人間性	運	変化球	可動域	ライナーキャッチボール	ピッチングを増やす
感性	愛される人間	計画性	あいさつ	ゴミ拾い	部屋そうじ	カウントボールを増やす	フォーク完成	スライダーのキレ
思いやり	人間性	感謝	道具を大切に使う	運	審判さんへの態度	遅く落差のあるカーブ	変化球	左打者への決め球
礼儀	信頼される人間	継続力	プラス思考	応援される人間になる	本を読む	ストレートと同じフォームで投げる	ストライクからボールに投げるコントロール	奥行きをイメージ

大谷翔平が高校１年生のときに書き込んだ「目標達成シート」

エピローグ

ど真ん中にあるのは〝世界一の選手〟

高校1年の冬、大谷翔平が書いた一枚の紙がある。

最終目標を真ん中に書き、その周りに、目標を達成するために必要なものを8つ、必要だと思う順番に書き込む。さらに、その8つのそれぞれに必要だと思うものをもう8つ、必要な順に書き込んだ。

花巻東高校の佐々木洋監督が選手たちに書かせている〝目標達成シート〟だ。大谷はまず、ど真ん中に書き込む最終目標のところへ〝ドラ1、8球団〟を掲げた。そして、そこへたどり着くまでに必要だと思うものとして、この8つを、この順番で挙げた。

コントロール、キレ、スピード160km／h、変化球、運、人間性、メンタル、体づくり。

うしろの4つが心の課題なら、最初の4つはピッチャーとしての課題だ。そこにバッターとしてのイメージはない。そして、そのピッチャーとしての4つの課題をクリアするために、さらに必要なものを8つずつ、書き連ねる。コントロールについては、こうだ。

体幹強化、軸をぶらさない、不安をなくす、メンタルコントロールをする、体を開かない、下肢の強化、リリースポイントの安定、インステップ改善。

キレの欄には、こう書いた。

上からボールをたたく、リストの強化、下半身主導、可動域、回転数アップ、ボールを前でリリース、力まない、角度をつける。

スピード160㎞／hを実現させるためには、この8つが必要だと考えた。

下肢の強化、体重増加、肩周りの強化、ピッチングを増やす、ライナーキャッチボール、可動域、体幹強化、軸でまわる。

最後に、変化球。

フォーク完成、スライダーのキレ、左打者への決め球、奥行きをイメージ、ストライクからボールに投げるコントロール、ストレートと同じフォームで投げる、遅く落差のあるカーブ、カウントボールを増やす。

こうして目標に向かって、具体的に必要なことをイメージしながら練習を重ねる。その結果、2年後の大谷は〝ドラ1〟の目標を達成した。その間、メジャー志望を表明したこともあって8球団というわけにはいかなかったが、それに等しい評価を受けるまでに至ったのである。

おそらく、ファイターズでもエンゼルスでも、大谷はこの目標達成シートを頭の中で描いてきたはずだ。

ど真ん中にあるのは〝世界一の選手〟。

そのために、大谷はメジャーリーグへやってきた。ここは世界一の舞台——つまり、ここで一番になれば、世界一の選手になるという目標を達成したことになる。23歳の大谷は、この最終目標を達成するために、どんな必要なものを8つ、書き込んでいるのだろう。ファイターズの栗山英樹監督が、メジャーへ挑む大谷について、こう言っていた。

「翔平は生まれて初めて、『オレの野球、アカンな』と思うことが絶対にある。幸か不幸か、いいことかどうかわからないけど、日本のプロ野球に入ったときにはそういうことはなかったと思うんだよね。そうなって初めて、本当の大谷翔平が世に出てくる可能性がある。それをこっちは楽しみにしているんでね。本当に、世界一の選手になると思っているから、我々としては本人が行きたいと言ったタイミングで出すべきだと考えたわけ。そのためには、身体だよ。身体さえしっかりすれば、いずれ結果は必ずついてくる。あの環境で、ボールも替わって、身体に負担がかかる中で、きっと苦しみながら、のたうち回って努力し続けると、あの大谷翔平はいったいどこまでいっちゃうんだろうって、そういう楽しみは大きいよ」

大谷は「日本のベーブ・ルース」と紹介され、注目を集めてきた。64年の歴史を誇るアメリカのスポーツ専門誌、スポーツ・イラストレイテッドが「日本のベーブ・ルースはベースボールに革命を起こせるか」と見出しを打って特集したほどだ。それは、MLBとNPBをあわせても、過去、ルースと大谷だけが同一シーズンに2ケタ勝利を挙げ、2ケタのホームランを放った選手だったからだ。大谷はプロ2年目の2014年、ピッチャーとして11勝を挙げ、10本のホームランを打った。遡ること96年、1918年にはベーブ・ルースがピッチャーとして13勝、バッターとして11本のホームランを記録している。

といっても、大谷とルースの二刀流は似て非なるものだということを見落としてはならない。

確かにルースはピッチャーでありながら、登板のない日に外野手として起用されていた。しかし、もともとピッチャーとしてプロ入りを果たしたルースは、まずピッチャーとしてその頭角を現している。その中でバッティングの才能を発揮し、徐々にバッターのほうへシフトしていった。2ケタ勝利、2ケタ本塁打を達成した前後2年、5年間の勝利数と本塁打数を見れば、それは一目瞭然だ。

【1916年からの勝利数】　23勝→24勝→13勝→9勝→1勝
【1916年からの本塁打数】　3本→2本→11本→29本→54本

つまり、1918年にルースが達成した同一シーズンの〝13勝、11本塁打〟という数字は、ピッチャーとしての右肩下がりの勝ち星と、バッターとしての右肩上がりのホームラン数が交差した年に、たまたま生まれた記録だったと言っていい。実際、ルースはピッチャーで行くべきか、バッターで行くべきかを迷い、最終的に投手から野手へ転向した。13勝と11本はそのプロセスの一環だったに過ぎず、二刀流を目指していたわけではない。

大谷は違う。

彼の二刀流は、いつか、どちらかに絞るためのプロセスではない。ピッチャーの大谷がいて、バッターの大谷がいる。先発も抑えもできるポテンシャルを秘め、一発もアベレージも欲張れる技術を持っている。ひとりでどちらもこなそうという中での二刀流なのである。大谷は野球選手である限り、ピッチャーであり、バッターでもあるのだ。そして、ファイターズの栗山監督の言葉を借りれば、「二刀流は大谷翔平にとっての武器ではなく、大谷翔平という選手を活かすための必須条件」であり、「大谷翔平の二刀流はチームにとって、勝つために必要不可欠な武器」でもある。つまり二刀流をやらせたほうが、大谷も活きるし、チームも勝てるというわけだ。

♪こ〜どもの頃から、エースで4番。

四半世紀ほど前、こんな歌い出しで始まるオロナミンCのコマーシャルがあった。プロ野球の世界ならばそういう子どもだったという選手は珍しくないだろう。マンガの世界だって、高校野球までならエースで4番を打っていた選手はいくらでもいるが、プロでもエースで4番を務めたという主人公は思いつかない。大谷が目指す〝パイオニア〟は、マンガの世界でもお目にかかったことのないキャラクターだ。

以前、大谷が小学校の2年生で野球を始めた当時、岩手県の水沢リトルリーグで事務局長を務めていた浅利昭治さんに、こんなテーマで話を聞いたことがある。もしもリトルリーグ時代の〝ピッチャーの大谷〟と〝バッターの大谷〟が対戦したら、どんな結果になると思いますか――すると浅利さんは、この空想の対決について、大真面目に語ってくれた。

ピッチャー、12歳の大谷。

バッターも、12歳の大谷。

浅利さんの脳内でのピッチャー大谷の初球はど真ん中のストレート、それをバッターの大谷はファウルする。

「翔平の投げるストレートは120㎞は出ていたと思います。リトルのバッテリー間は14mですから、体感では140㎞。さすがのバッター翔平も、それだけのスピードには差し込まれていたでしょうね。ファウルにするのが精一杯だったと思います」

2球目は、スライダー。速いまっすぐが頭にあるバッターの大谷は手を出すことができず、見逃しのストライク。

「ピッチャーの翔平は、カウントを取るストライクゾーンに投げるスライダーと、三振を取るボールゾーンにワンバウンドさせるスライダーの両方を投げることができたんです。速いストレートが頭にある中で、ストライクゾーンにカクッと曲がるスライダーが来たら、バッターの翔平はビックリするんじゃないですか」

そして、3球目。

ワンバウンドになるスライダーを空振り、3球三振！

「リトルリーグのルールではキャッチャーがパスボールしてもスイングしていたらアウトなんです。振り逃げがないんですよ。だからピッチャーの翔平は、追い込んでからワンバウンドのスライダーを振らせてました。ほとんど三振でしたね」

では、12歳のバッター大谷が、12歳のピッチャー大谷を攻略するとしたら、どんな可能性があるのだろう。

「あのときの翔平を攻略するとしたら、バットを振り切らないことですね。振っちゃったらおしまいですから、振り切らずに逆方向へ、カットさせます。確かに寂しい作戦ですけど（苦笑）、ファウルを打たせて、球数を稼ぐしかなかったでしょうね。ワンバンのスライダーはファウルも打てないでしょうから、追い込まれたら打つ手なしですよ。そのくらい、あのときのピッチャー翔平は、抜きん出てました。でも、それだけ屈辱的な結果に終われればバッターの翔平も黙ってないですよ。当時は5割以上の打率でしたけど、たまにアウトになるとものすごい悔しがりようでしたから……引きつった顔が思い浮かびます（笑）」

野球少年、大谷翔平――。

この本の『野球翔年』というタイトルは、リュックを背負って球場へやってくる大谷の姿を眺めていたとき、ふと、思い浮かんだものだ。きっと子どもの頃から、彼が醸し出す雰囲気は変わらないのだろうと想像した。グラウンドへ向かうとき、「よし、これから野球をやるぞ」というワクワクした気持ちが、プロになってもこれほど表に湧き出てくる選手は、そういるものではない。

メジャーの舞台へやってきた大谷はバッターとしての初打席、その初球を果敢に振っていった。ピッチャーとしての初登板では初球、ストレートをストライクゾーンに思い切り投げ込んだ。簡単なことではない。それができるのは、大谷が目先の結果を追い掛けていないからだ。結果に囚われると、初球はつい様子を窺いたくなる。しかし結果を恐れなければ、初球から振っていくのも、ストライクゾーンにストレートを投げるのも当たり前だ。つまり、大谷は子どもの頃の楽しかった野球を忘れていないのである。

想いは太く、朗らかに。

世界一を目指す〝野球翔年〟の物語、日本での第一章は終わった。そしてアメリカでの第二章は、まだ始まったところなのだ――。

解説　取材者として、記録者として

大越健介

取材者にとって、インタビューとは真剣勝負の場にほかならない。限られた時間の中で、相手の、普段は外に出ることのない心の声を引き出そうというのだから、それは至難の業である。しかも本書におけるインタビューの相手は、前人未到の世界へと羽ばたく孤高の若武者だ。野球をどこまでもうまくなりたいというのが彼の唯一の願いであり、その視線は未来へしか向いていない。礼儀正しい人物ではあるが、じっくり取材を受けるよりも、野球に没頭していたい男でもある。

だがそんな彼、つまり大谷翔平だからこそ、その貴重な歩みは着実に記録されなければならない。進化し続ける大谷をいったん立ち止まらせ、その胸中から言葉を紡ぎ出し、世の中に知らしめる仕事を、誰かが継続的に成し遂げなければならないのだ。

本書の著者である石田雄太はその役割を担った人だ。

時代の先駆者の歩みを記録するという魅力的な仕事に手を上げるジャーナリストは少

なくない。しかし、大谷本人が信頼を寄せ、これだけの回数のインタビューに応じてきた取材者は、石田を措いてほかにいない。

本書は、大谷が岩手の花巻東高校を卒業後、北海道日本ハムファイターズに入団し、海を渡るまでをカバーしたインタビューの集大成である。年齢不相応の自己分析力を持った大谷青年を前に、心からのリスペクトと、清明な好奇心をもって石田は向き合ってきたのだろう。

ふたりの独特の間合いがわかる場面が随所にある。

例えば、日本ハム入団1年目となった２０１３年シーズンを振り返るオフのインタビュー。大谷はこのとき19歳だ。来たる２０１４年は中６日のローテーションで先発登板するという球団の構想を引き出した石田は、どのくらいの数字をクリアしなければならないかと大谷に問うた。

「中６日で1年間投げたら、26、27試合ですかね。（中略）全部勝ちにいきますけど、2ケタは勝ちたいなと……」と大谷。石田が「26試合投げて10勝だと、勝ち越せないかも」と突っ込みを入れると、「あっ、そうか。そうですね（笑）」と大谷もすっかりほどけてしまったようだ。すかさず石田は2年目のバッティングに話を向けた。大谷は「ここぞという場面で『コイツなら打ってくれる』と思わせるのは、２割バッターより３割バッターですよね」と述べた。

この時点で、投手として10勝、打者として3割という大谷のプロ2年目の目標が明確になった。インタビュアーとしては上出来というところだろう。

しかし、石田の質問の矢はここにとどまらない。

――最後にひとつ、今の二刀流は、いずれどちらかに絞るまでの過程なんでしょうか。

「いつか、どちらかに絞ろうと思っていたら、知らない間に『どっちがいいのかな』というところに目が行ってしまって、僕自身の中で選ぶという発想になってしまうと思うんです。だからそういうふうには考えていません。とことんまで『どっちも伸ばそう』と考えるようにしています」

石田は、機会あるごとに、大谷の究極の個性である二刀流の将来像を探ることを怠らない。インタビュアーとして、野球選手・大谷の最後まで添い遂げる覚悟をしているからだろう。石田の重ねての質問によって、終始一貫した大谷の真理がおのずと浮かび上がってくる。二刀流とは大谷にとって挑むべき「試練」ではなく、歯ごたえのある「自然」なのだ、という真理である。

それにしても、鋭敏な感性を持つ大谷が、石田に対し率直に、繰り返しインタビューに応じるのはなぜだろう。

それが知りたくて、私は２０２１年の暮れ、石田本人に「取材」を申し出た。大学を出てからしばらくＮＨＫでスポーツ番組のディレクターを務めていた石田は、同局の少しだけ先輩にあたる私の申し出を快く引き受けてくれた。

その席で、石田は自分の取材手帳を見せてくれた。古めかしいが使い勝手のいい、手のひらサイズの手帳である。開かれたページには几帳面な文字がびっしりと書き込まれていた。そこで目に留まったのが、２０２１年８月29日に設定された大谷へのインタビューの、いわば事前の「設計図」だった。

メジャーリーグ４年目のシーズンを戦っていた大谷は、このとき大輪の花を咲かせていた。投打ともにどこまで成績を伸ばすのか、ファンの期待がかつてないほど大きく膨らんでいたこの時期、石田が引き出そうとしたのはその活躍の秘訣だったに違いない。

インタビューの「設計図」は、「バッター大谷の作り方と完成度」、「ピッチャー大谷の作り方と完成度」など大きく６つの項目に区分され、それぞれに具体的な質問内容が記されていた。大谷がこう答えたら今度はこう切り返そう。そんなふうにして想像の翼を広げながら、インタビューの展開を緻密に思い描いていく。そのためには必要なデータや印象的なシーンはきちんと頭の中に整理されていなければならない。取材者にとってはとても大事で、きりのない準備作業である。毎回これだけ準備をして来られれば、なるほど大谷もインタビューを受けざるを得ないだろうなと納得する。

ところが、石田はインタビュー本番に臨むときはいつも、練り上げた「設計図」をすべて頭から消すのだという。この日、8月29日もそうだった。手帳の2ページにわたって余白が見えないほどに埋めつくされた具体的な質問案を、一切捨て去ったところからインタビューは始まった。だから手帳はもう不要であり、与えられた30分間、そこに目を落とすことはなかった。それどころか、身ぶり手ぶりも一切しなかったという。

「大谷選手は人一倍敏感だから、こちらが手を動かせば彼の眼はそこに向かうんです」と石田は言う。大谷の集中力がそがれてしまう一瞬がもったいないから、石田は手すら動かさないのだ。

微動だにせず、まっすぐに目を見て質問を発する取材者の気迫に呼応するようにして、大谷はこの日、シーズン当初に抱いていた不安を初めて明かした。それは、このシーズンは二刀流のラストチャンスに違いないということ。つまり、投打の双方で誰もが認める結果を出さなかったら、少なくとも投手としての自分はエンゼルスから見切りをつけられるだろうという不安だった。

そのインタビューの内容は、おそらく遠くない将来、『大谷翔平　野球翔年Ⅱ』として刊行されるであろう「アメリカ編」に掲載されるはずだから、ここでは詳細は省く。

ただ、注目したいのは、栄えあるメジャーリーグのMVPに輝いたこの年の大谷の大活躍が、二刀流選手として崖っぷちに立たされた本人の危機感から導き出されたのだという事実だ。いや、その事実が発掘されたということだ。それは、石田という真摯な取材者がいて初めて、大谷自身によって語られるに至った。その飄々《ひょうひょう》とした風貌からは読み取ることが難しい超一流選手の苦悩は、入念な準備作業をあえて捨て去り白紙で向き合うという、石田の手の込んだインタビューによって、やっと浮き彫りになったのだ。

石田が私に話してくれたことで、もうひとつ興味深かったことがある。

それは、この年のベストセラーとなったノンフィクション『嫌われた監督　落合博満は中日をどう変えたのか』が話題にのぼったときのことだ。中日ドラゴンズの監督時代の落合博満を、スポーツ紙の落合番記者だった著者・鈴木忠平の視点で見つめた作品だ。謎めいた落合の言葉を反芻《はんすう》し、行動の意味を考える作業を通じて、著者は自分なりの落合像を結んでいく。

ところが石田は、「僕はそのやり方をしていないんです」と言った。

取材者である「私」の気づきを中心に展開されるノンフィクションは、ひとつのオーソドックスな手法である。石田によれば、スポーツの分野では沢木耕太郎や山際淳司といった人たちがその代表的存在であり、取材者である「私」を主語にして『嫌われた監督』を書いた鈴木忠平もその系譜に連なる。石田もライターとしての駆け出しのころはそのスタイルをとったが、別の道を選ぶことになったという。

「自分はこう感じたと主張しなくても、どのような質問を発するかというところに自分が出るわけです。だから、一問一答に落とし込んでいく作業がとても大事なのだと思います」

インタビュアーは取材対象の言葉を引き出すことに徹すればよい。その「獲れ高」だけで十分なノンフィクションを作り得るということだろう。

本書『大谷翔平　野球翔年I』もまた、インタビューで引き出した大谷の言葉こそが主役であり、間を埋める石田の文章は事実の確認や補足の役割にとどめているケースが多い。一問一答をそのまま掲載した章も少なくない。

そうした手法は、実はテレビのディレクターとしての経験が反映されているのだと石田は付け加えた。テレビのドキュメンタリーは、切り取った映像と肉声が主役だ。タレントやキャスターがリポーターとなり、「私」を主語として番組を展開する手法は存在する。だが、番組全体にメッセージ性を持たせ、全体をコーディネートする役割のディレクターは、間違いなく番組の主役のひとりでありながら、「私」として登場することがほとんどない。

ただ、そんな石田が珍しく、自身の見立てを熱く語っている個所が本書にある。

大谷が日本ハムでの5年間を終えてメジャーリーグ・エンゼルスに移籍することを決めた2017年のシーズンオフ。大谷の最終決断の直前に石田はインタビューを行っている。

「周りが言うだけで僕は何も言ってないので……やっぱり100%、120%行くとならなければ言葉には出せません」と大谷は慎重な言い回しに終始した。一方で、日本ハムが投打の二刀流という環境を与えてくれたことに感謝を示し、「おかげでここまでけっこうすんなり野球をやってこられたので、今回のことは自分の中で大きな決断じゃないかなと思っています。もちろん不安もありますけど、行くとなったら、やるからにはトップへ行きたいというのは普通だと思います」と、石田に対し事実上の渡米宣言を行っている。

本書の流れを見ると、その次にインタビューが実現したのは、おそらく渡米後の初キャンプのころだったと推察される。エンゼルスへの入団の決断と契約、渡米という激動の時間、さすがの石田も大谷の単独インタビューの時間を確保することは難しかったのだろう。

インタビューが叶わなかったそのはざまに、石田はそれまでの大谷の言動と実績を反芻し、エンゼルスとの契約に至った理由を分析し、さらに実に大胆な自身の予測を記している。本書の「２０１７　故障と試練の先に」の章の⑥にその個所はある。

メジャー1年目の大谷に周りが期待することと、大谷自身が期待することにはギャップがあるはずだ。1年目から、大谷が二刀流プレイヤーとしてメジャーで圧倒的な数字を残せるとは思わないほうがいい。ただし、5年経ったときの大谷がメジャーで例のない二刀流プレイヤーとして、とんでもない結果を叩き出している可能性は極めて高い。つまり、大谷のメジャー挑戦はそういう道を辿るはずだ。

私がこの稿をしたためている今は、2022年の1月である。

私はすでに、メジャー1年目の大谷が新人王を獲得する活躍を見せながらも、「圧倒的な数字」とは言い難く、しかもひじの手術を必要とするほどの負荷を身体にかけていたことを知っている。その後の2年間は本人にとって到底満足のいく結果を残すことができなかったことも知っている。さらに、2021年に大ブレイクし、投手として9勝、打者として46本の本塁打を放ち、文句なしにシーズンのMVPに選ばれ、二刀流プレイヤーとして名実ともに歴史に名を刻んだことも知っている。

そんな私は、改めて2017年に記された石田の一文を読み返すとき、軽い戦慄《せんりつ》すら覚えるのだ。大谷がメジャーリーグで歩む挑戦の道筋を、ほぼ言い当てているではないか。

優れた取材者は、その記録の確かさゆえに近未来を予測することができるのかもしれない。少なくとも2017年時点の石田にはそれが可能だった。つまり本書は、いまやベーブ・ルースをも超える、唯一無二のメジャーリーグの顔となった大谷の真実を、萌芽の段階から探り当てた貴重なノンフィクションなのである。

最後に私は告白めいたことをしなければならない。

実は、私もまた、大谷翔平のインタビュアーだった。NHKに在籍当時、メジャーリーガー・大谷の実像に迫ろうと、何度か単独インタビューを行った。そのうち、メジャー1年目のシーズンオフに行ったロング・インタビューは、ほどなく放送化することができた。

その後も大谷の証言を映像記録に残すべく、リモート方式も含め、インタビューを複数回行う機会を得たが、次なるドキュメンタリー番組の放送は、大谷がMVPを獲得した2021年のシーズンオフを待たなければならなかった。その間、私個人は新天地を求めてNHKを退職することを決断し、大谷のインタビュアーとしての仕事は後輩たちに委ねざるを得なくなった。

幸い、NHKスペシャル、およびBS1スペシャルとして結実した大谷のドキュメンタリーは、その輝かしい足跡のみならず、ケガの渦中にあった大谷の本音をもしっかりとあぶり出していた。私が途中でバトンを託した後輩たちの仕事ぶりは、実に頼もしいものだったのである。

ただ、私自身のことだけを考えたとき、大谷のインタビュアーとして合格点を与えることができるかと言えば心もとない。大谷へのインタビューは、毎回極めて興味深く、刺激に満ちたものだった。やりがいに満ちていた。その際、私が意識したのが、「Number」誌上にしばしば掲載される石田の大谷へのインタビュー記事だった。

私は石田によるインタビュー以上のものを大谷から引き出したいと努力した。だが、ゆったりした佇《たたず》まいから繊細な言葉を繰り出す大谷に対し、自在な対応ができたかどうかは自信がない。正直に言うと、大谷の高校卒業後から丹念に彼と向き合ってきた石田に、インタビュアーとして一日の長があったと認めざるを得ない。実際に石田に会ってみて、大谷と向き合うための豊富な引出しを知ればなおのこと、その思いは強くなった。

2022年、大谷はメジャーリーグ5年目のシーズンを迎える。

前年のシーズン、大谷は驚異的な成績を残した。それでも大谷は、「この数字は今後の基準、あるいは最低ライン」と発言している。

ここで、本書で石田が披露した2017年時点の予測に立ち戻ろう。「5年経ったときの大谷がメジャーで例のない二刀流プレイヤーとして、とんでもない結果を叩き出している可能性は極めて高い」。石田の予測に、より正確に従うならば、「5年経ったとき」とは2022年シーズンを指すことになる。二刀流をファンに強く印象付け、MVPをかっさらう偉業を成し遂げた2021年を上回る「とんでもない結果」とは、いったいどのような世界なのだろう。

大谷という若武者が、前人未到の領域に斬りかかる。そこに伴走するようにして石田がインタビューという真剣勝負をかける。取材する側とされる側。ここにも息詰まるつばぜり合いがある。きっと、見たこともない世界が舞台である。


（敬称略）

（テレビ朝日「報道ステーション」キャスター）

大谷翔平　投打成績 2013 - 2017（日本ハムファイターズ）

【投手】

年度	登板	勝敗	勝率	完投	完封	投球回	奪三振	防御率
2013	13	3勝0敗	1.000	0	0	61.2	46	4.23
2014	24	11勝4敗	.733	3	2	155.1	179	2.61
2015	22	15勝5敗	.750	5	3	160.2	196	2.24
2016	21	10勝4敗	.714	4	1	140	174	1.86
2017	5	3勝2敗	.600	1	1	25.1	29	3.20
通算	85	42勝15敗	.737	13	7	543	624	2.52

【打者】

年度	試合	安打	二塁打	三塁打	本塁打	打点	盗塁	打率
2013	77	45	15	1	3	20	4	.238
2014	87	58	17	1	10	31	1	.274
2015	70	22	4	0	5	17	1	.202
2016	104	104	18	1	22	67	7	.322
2017	65	67	16	1	8	31	0	.332
通算	403	296	70	4	48	166	13	.286

大谷翔平（おおたに・しょうへい）

1994年7月5日、岩手県生まれ。花巻東高校時代に通算56本塁打と球速160kmをマークした。2013年にドラフト1位で北海道日本ハムファイターズに入団。2年目に日本プロ野球史上初の「2桁勝利、2桁本塁打」(11勝10本塁打)を達成。3年目の2015年には最優秀防御率、最多勝、最高勝率の投手三冠に輝く。2016年には日本プロ野球史上初の「2桁勝利、100安打、20本塁打」で、投打の主力としてリーグ優勝と日本一に貢献。リーグMVPに選出された。5年間の日本プロ野球を経て、2017年12月8日にロサンゼルス・エンゼルスとの契約に合意した。

2018年4月にMLBにデビューすると、初打席初安打、初登板初勝利を記録し、週間MVPに選出される。この年は、ベーブ・ルース以来、MLB史上2人目となる同一シーズン10試合以上先発登板、10本塁打以上を達成した。2019年、2020年は怪我でそれぞれ、106試合、44試合の出場に終わる。2021年、怪我から復帰し、フルシーズンを“二刀流”としてプレー。日本人で初めてオールスターゲームのホームランダービーに参加、翌日の試合には1番DH兼先発投手として出場した。最終成績は打者として打率.257、46本塁打、100打点、OPS.965、26盗塁、投手としては9勝2敗、防御率3.18、156奪三振。打者で138安打・100打点・103得点、投手で投球130回1/3、156奪三振という投打5部門で同一シーズンに「100」を記録したのはMLB史上初。アメリカン・リーグMVPに史上19人目となる満票で選出された。

本書は、「Sports Graphic Number」820号から950号に
掲載された記事に加筆、修正して構成しました。
その他記事の初出は以下の通りです。
・「文藝春秋」2013年10月号（「野球翔年 2013 ③」）
・「web Sportiva」（「野球翔年 2014 ①」「野球翔年 2014④」）
・「Sports Graphic Number PLUS June 2016 Special Issue」
（「野球翔年 2015⑫」）
・「web Sportiva」（「野球翔年2017①」）

単行本　2018年6月　文藝春秋刊

写真　　鈴木七絵（P34、118、119、264、265、307）
佐貫直哉（P35）
杉山秀樹（P82、83）
杉山拓也（P210、211）
田口有史（P306）
スポーツニッポン新聞社（P327）
DTP制作 エヴリ・シンク

文春文庫

おおたにしようへい　　やきゆうしようねん
大谷翔平　野球翔年　Ⅰ
にほんへん
日本編2013 - 2018

定価はカバーに表示してあります

2022年 3 月10日　第 1 刷
2023年 4 月25日　第 2 刷

著　者　　　　いしだゆうた
石田雄太

発行者　　　大沼貴之

発行所　　株式会社 文藝春秋

東京都千代田区紀尾井町 3-23　〒102-8008
ＴＥＬ 03・3265・1211㈹
文藝春秋ホームページ　http://www.bunshun.co.jp

落丁、乱丁本は、お手数ですが小社製作部宛お送り下さい。送料小社負担でお取替致します。

印刷・凸版印刷　製本・加藤製本

Printed in Japan
ISBN978-4-16-791852-1